Sabine M. Gruber

111 Sisi-Orte in Europa, die man gesehen haben muss

111

emons:

Bibliografische Information der Deutschen Nationalbibliothek
Die Deutsche Nationalbibliothek verzeichnet diese Publikation
in der Deutschen Nationalbibliografie; detaillierte bibliografische
Daten sind im Internet über http://dnb.d-nb.de abrufbar.

MIX
Papier | Fördert
gute Waldnutzung
FSC® C083411
FSC
www.fsc.org

Layout: Eva Kraskes, nach einem Konzept
von Lübbeke | Naumann | Thoben
Druck und Bindung: CPI – Clausen & Bosse, Leck
Printed in Germany 2023
ISBN 978-3-7408-1400-7

Vorwort

Über Kaiserin Elisabeth von Österreich alias Sisi ist mehr gesagt und geschrieben worden als über jede andere Frau in der Geschichte Europas. Wie kommt es, dass das Interesse an ihr bis heute ungebrochen ist und immer neue Nahrung findet?

Die Umstände ihres Todes spielen eine wichtige Rolle, tragisch verstärkt durch Rudolfs Schicksal. Entscheidend für die Mythosbildung aber ist wohl, dass Sisi auf eine besondere Art schön war. Auf wundersame Weise verkörpert sie nicht nur das Schönheitsideal ihres Jahrhunderts, sondern ebenso das des 20. und 21. Sie ist 172 Zentimeter groß (vier Zentimeter größer als Franz Joseph), gertenschlank und sportlich, und ihre Gesichtszüge wirken zeitlos modern. Im Gegensatz zu den meisten anderen Frauen, die zu ihrer Zeit als Schönheiten galten, könnte man Sisi heute auf einem Vogue-Cover finden. Nur die Frisur sähe wohl ganz anders aus. Auch in ihrer Lebensweise ist sie ihrer Zeit weit voraus. Nach Jahren vergeblicher Anpassung versucht sie, ein eigenes Leben zu leben, ohne die familiären Bindungen aufzugeben, was Anlass zu vernichtender Kritik gibt – und zugleich größter Bewunderung.

»Gehe 100 Schritte in den Schuhen eines anderen, wenn du ihn verstehen willst«, lautet ein Sprichwort. Ich habe etwas in dieser Art unternommen. Auf einer faszinierenden und lehrreichen Entdeckungsreise durch Europa habe ich unzählige Orte (auf)gesucht, an denen Sisi gelebt, geliebt, gelitten und gelacht hat, die für sie und die Erinnerung an sie von Bedeutung sind. Dazu habe ich sämtliche verfügbaren Quellen herangezogen, vor allem Biografien, Briefe, Tagebücher, Aufzeichnungen von Zeitzeugen, ihr »poetisches Tagebuch« und zeitgenössische Zeitungsberichte.

Das biografische Puzzle aus 111 Teilen, das so entstanden ist, vermittelt vielleicht so manchen neuen Einblick und soll vor allem dazu anregen, sich selbst auf Spurensuche zu begeben.

111 Orte

1 Das Hotel Strauch | Deutschland/Feldafing
Das Lieblingshotel der Kaiserin | 10

2 Die Roseninsel | Deutschland/Feldafing
Sisi und Ludwig – Möwe an Adler | 12

3 Das Hofbräuhaus | Deutschland/München
Ein unvergesslicher Spaziergang | 14

4 Der Bahnhof Possenhofen | Deutschland/Pöcking
Endlich daheim! | 16

5 Das Schloss Possenhofen | Deutschland/Pöcking
Unbeschwerte Kindheit am Würmsee | 18

6 Das Schloss St. Emmeram | Deutschland/Regensburg
Am Sterbebett von Nené | 20

7 Das Schloss Tegernsee | Deutschland/Tegernsee
Luise und Maximilian – eine Ehe wider Willen | 22

8 Wildbad Kreuth | Deutschland/Wildbad Kreuth
Jede schöne Gegend ist ein Gedicht | 24

9 Belvoir Castle | England/Grantham
Erstes Jagdabenteuer auf englischem Boden | 26

10 Althorp House | England/Northampton
Sisi und der Rote Earl – Lady Dianas Urgroßonkel | 28

11 Cottesbrooke Hall | England/Northampton
Sisis schönste Reitferien | 30

12 Easton Neston House | England/Towcester
Ein Juwel des englischen Barock | 32

13 La Réserve de Beaulieu | Frankreich/Côte d'Azur/Beaulieu-sur-Mer
Ein Déjeuner zu Ehren des Kaisers | 34

14 L'Obélisque du Cap Martin | Frankreich/Côte d'Azur/Roquebrune-Cap-Martin
Den Duft wilder Pistazien atmen | 36

15 Der Hafen von Fécamp | Frankreich/Normandie/Fécamp
Einsame Bootsfahrten an der Alabasterküste | 38

16 Les Petites Dalles | Frankreich/Normandie/Saint-Martin-aux-Buneaux
Strandvergnügen mit Marie Valerie | 40

17 Le Château de Sassetot | Frankreich/Normandie/Sassetot-le-Mauconduit
Ein gefährlicher Reitunfall geht glimpflich aus | 42

18 Der Monte Gazzo | Italien/Genua
»So schön, so wunderschön!« | 44

19 Die Villa Pallavicini | Italien/Genua
Romantischer Gartenspaziergang | 46

20 Die Antonius-Basilika | Italien/Padova
Eine italienische Reise | 48

21 Das Royal Hotel | Italien/Sanremo
Erholung an der Riviera dei Fiori | 50

22 Schloss Trauttmansdorff | Italien/Südtirol/Meran
Sisi bringt Meran in Mode | 52

23 Das Schloss Schenna | Italien/Südtirol/Schenna
Zu Gast bei Erzherzog Johanns Sohn | 54

24 Das K. u. K. Museum | Italien/Südtirol/Töll/Partschins
Onkel Taa's wundersame Reise in die Kaiserzeit | 56

25 Elisabetta | Italien/Triest
Herrschaft und Freiheit | 58

26 Das Schloss Miramare | Italien/Triest
Ankerpunkt für Sehnsuchtsreisen | 60

27 Der Obelisk von Opicina | Italien/Triest-Opicina
Sisi sieht zum ersten Mal das Meer | 62

28 Der Palazzo Reale | Italien/Venedig
Sisis Zimmer: Le stanze di Sissi | 64

29 Das Teatro La Fenice | Italien/Venedig
Phönix aus der Asche | 66

30 Das Achilleion | Korfu
Sisis Vermächtnis | 68

31 Die Agia-Kyriaki-Kapelle | Korfu
Heimatliche Gefühle | 70

32 Die Delphin-Mole | Korfu
Das Wappentier des Achilleion | 72

33 Der Elisabeth-Brunnen | Korfu
Ein Herz für die Dorfbewohnerinnen | 74

34 Der Heine-Tempel | Korfu
Hommage an einen Dichter | 76

35 Paleokastritsa | Korfu
Das Meer, das Kloster und die Burg der Engel | 78

36 Palies Sinies | Korfu
Das verlassene Dorf | 80

37 Der Pantokrator | Korfu
Jeden Berg, den sie sieht, möchte sie besteigen! | 82

38 Pontikonisi | Korfu
Die Mausinsel | 84

39 Die Villa Capodistrias | Korfu
Ein Besuch bei Griechenlands erstem Präsidenten | 86

40 Die Villa Minach | Kroatien / Opatija-Volosko
»Mein letzter einziger Freund« | 88

41 Die Jardins d'Alfàbia | Mallorca / Bunyola
Alles sprüht, plätschert, fließt | 90

42 Die Coves d'Artà | Mallorca / Canyamel
Wunder der Natur | 92

43 Das Castell de Bellver | Mallorca / Palma
Es ist nicht erlaubt, an die Wände zu schreiben! | 94

44 La Seu | Mallorca / Palma
Eine Messe für die Kaiserin | 96

45 Cartoixa de Valldemossa | Mallorca / Valldemossa
Zelle Nummer zwei. Oder vier? | 98

46 S'Estaca | Mallorca / Valldemossa
Sisi begegnet der Geliebten des Arxiduc | 100

47 Son Marroig | Mallorca / Valldemossa
Der Wandertrieb ist dem Menschen angeboren | 102

48 Son Moragues | Mallorca / Valldemossa
Ein Picknick im Olivenhain | 104

49 Das Grüne Lusthaus | Österreich / Niederösterreich / Laxenburg
Zufluchtsort in traurigen Flitterwochen | 106

50 Der Karmel Mayerling | Österreich / Niederösterreich / Mayerling
Sisis schwärzester Tag: Schauplatz einer Tragödie | 108

51 Das Elisabeth-Kirchlein | Österreich / Niederösterreich / Puchberg
»Ihr Berge und Hügel, lobet den Herrn!« | 110

52 Die Rudolfsvilla | Österreich / Niederösterreich / Reichenau
Feriendomizil für Gisela und Rudolf | 112

53 Agnes' Grab | Österreich / Oberösterreich / Bad Ischl
Credo in vitam aeternam | 114

54 Das kaiserliche Cottage | Österreich / Oberösterreich / Bad Ischl
Sisis Ischler Refugium | 116

55 Die Kaiservilla | Österreich / Oberösterreich / Bad Ischl
Ein Wohlfühlort fürs Leben | 118

56 Der Wasserfall | Österreich / Oberösterreich / Bad Ischl
Sisis Glücksplatz | 120

57 Der Offensee | Österreich / Oberösterreich / Ebensee
Gedanken der Wehmut | 122

58 Der Donau-Wirbel | Österreich / Oberösterreich / St.Nikola
Reise mit Hindernissen: Sisis zweite Donaufahrt | 124

59 Das Schloss Wallsee | Österreich/Oberösterreich/Wallsee-Sindelburg
»Es übertraf alle unsere Erwartungen« | 126

60 Das Mozartkino | Österreich/Salzburg
Geburt eines Mythos | 128

61 Das Monatsschlössl | Österreich/Salzburg/Anif
Kaiser-Jause mit Blick auf Hellbrunn | 130

62 Das Schloss Fuschl | Österreich/Salzburg/Hof
Fast Possenhofen, beinahe der Starnberger See | 132

63 Die Postalmhütte | Österreich/Salzburg/Strobl
Sisi labt sich mit frisch gemolkener Milch | 134

64 Die Basilika Mariazell | Österreich/Steiermark/Mariazell
Trauer, Dank und fromme Wünsche | 136

65 Das Stift Neuberg | Österreich/Steiermark/Neuberg an der Mürz
Flucht in die Steiermark | 138

66 Die Innsbrucker Hofburg | Österreich/Tirol/Innsbruck
Wo Sisi und Franz einander erstmals begegneten | 140

67 Die Amalienburg | Österreich/Wien
Ich bin erwacht in einem Kerker | 142

68 Die Anlegestelle Nussdorf | Österreich/Wien
Gott segne unsre Kaiserbraut! | 144

69 Die Augustinerkirche | Österreich/Wien
Die allerhöchste Trauung | 146

70 Der Elisabeth-Fernblick | Österreich/Wien
Riesenpromenaden im Wienerwald | 148

71 Der Hofsalonwagen | Österreich/Wien
Sisi nützt modernste Technik | 150

72 Die kaiserliche Wagenburg | Österreich/Wien
Ein Sisi-Museum der besonderen Art | 152

73 Die Kapuzinergruft | Österreich/Wien
»Man weiß nie, was einem zustoßen kann.« | 154

74 Das Schloss Schönbrunn | Österreich/Wien
Eine ambivalente Beziehung | 156

75 Die Villa Hermes | Österreich/Wien
Franz Joseph meint es wirklich gut! | 158

76 Das Volksgarten-Denkmal | Österreich/Wien
Heimkehr nach Wien | 160

77 Die Votivkirche | Österreich/Wien
Die Silberne Hochzeit | 162

78 Die Elisabeth-Villa | Rumänien/Băile Herculane
Ankunft in Herkulesbad | 164

79___ Foișorul Elisabeta | Rumänien / Băile Herculane
Der Rote Pavillon | 166

80___ Das Szápáry-Bad | Rumänien / Băile Herculane
Modernste Bad-Architektur | 168

81___ Das Eiserne Tor | Rumänien / Orșova
Abenteuerliche Schifffahrt auf der Donau | 170

82___ Das Schloss Peleș | Rumänien / Sinaia
Besuch bei einer Seelenverwandten | 172

83___ Die Attentats-Stelle | Schweiz / Genf
»Sehen Sie, Irma, die Kastanien blühen!« | 174

84___ Le Bateau Genève | Schweiz / Genf
Ein schöner Tod | 176

85___ L'Hotel Beau Rivage | Schweiz / Genf
Das letzte Stündchen | 178

86___ Le Château Rothschild | Schweiz / Genf / Pregny
Letztes Déjeuner bei der Baronin | 180

87___ Das Baur au Lac | Schweiz / Zürich
Schwesterntreffen am Zürichsee | 182

88___ Das Alte Rathaus | Slowakei / Bardejov
Zeitreise in die Gotik und Renaissance | 184

89___ Das Hotel Déak | Slowakei / Bardejov
Zur Trinkkur in Bad Bartfeld | 186

90___ Das Andrássy-Mausoleum | Slowakei / Trebišov
Stilles Gedenken an einen treuen Freund | 188

91___ Die Adelsberger Grotte | Slowenien / Postojna
Märchenhafter Höhepunkt einer Reise | 190

92___ Das Elisabeth-Bad | Tschechien / Böhmen / Karlovy Vary
Eine würdige Gedenkstätte für die Kaiserin | 192

93___ Die Marktkolonnade | Tschechien / Böhmen / Karlovy Vary
Gänsewein im Gänsemarsch | 194

94___ Die Stephaniewarte | Tschechien / Böhmen / Karlovy Vary
Spaziergänge über Stock und Stein | 196

95___ Das Gestüt Kladruby | Tschechien / Böhmen / Kladruby nad Labem
Die Kutschpferde der Kaiser und Könige | 198

96___ Die Steeplechase-Rennbahn | Tschechien / Böhmen / Pardubice
Das härteste Hindernisrennen der Welt | 200

97___ Das königliche Theater | Tschechien / Mähren / Brno
Sisi und »Das Salz der Ehe« | 202

98___ Der Blumengarten | Tschechien / Mähren / Kroměříž
Traum und Wirklichkeit | 204

99 ___ Das Schloss Kremsier | Tschechien / Mähren / Kroměříž
Kaiserliche Entrevue mit Damenprogramm | 206

100 ___ Die Liechtenstein-Gruft | Tschechien / Mähren / Vranov u Brna
Versöhnliches Ende eines strengen Regiments | 208

101 ___ Der Burgpalast | Ungarn / Budapest
Budavári Palota, ein Ort der Höhen und Tiefen | 210

102 ___ Das Café Gerbeaud | Ungarn / Budapest
Die besten Kuchen von Pest | 212

103 ___ Der Elisabeth-Turm | Ungarn / Budapest
Traumblick auf Budapest und die Budaer Berge | 214

104 ___ Die Matthiaskirche | Ungarn / Budapest
Krönender Abschluss einer diplomatischen Mission | 216

105 ___ Der Nyugati-Bahnhof | Ungarn / Budapest
Die Ferne rückt näher | 218

106 ___ Die Villa Kochmeister | Ungarn / Budapest
Sisi, Gisela und Rudolf in den Budaer Bergen | 220

107 ___ Der Zoo Budapest | Ungarn / Budapest
Margareth oder Königin Elisabeths Giraffe | 222

108 ___ Der königliche Wartesaal | Ungarn / Gödöllő
Ein Ort mit Geschichte und Geschichten | 224

109 ___ Das Schloss Gödöllő | Ungarn / Gödöllő
Sisis zweite Heimat | 226

110 ___ Shadow und Plato | Ungarn / Gödöllő
Sisi und ihre geliebten Hunde | 228

111 ___ Das Erzsébet-Denkmal | Ungarn / Szeged
Bangen um ein todkrankes Kind | 230

1 Das Hotel Strauch

Das Lieblingshotel der Kaiserin

Nirgendwo ist Sisi so oft zu Gast wie im Hotel Strauch. Nur zwei Kilometer von *Possi* und ihrer Mutter Ludovika entfernt, bietet es viel Platz für sie und ihre Kinder, den Hofstaat – und ihre Pferde. Nachdem Max Strauch den Gasthof zu einem repräsentativen Hotel umgebaut hat, logiert Sisi erstmals hier, im Sommer 1870, und danach fast jedes Jahr bis 1894. Stets wird sie von der Bevölkerung herzlich begrüßt. Weiß gekleidete Mädchen sagen Gedichte auf und überreichen Blumen, Sisi belohnt sie mit Süßigkeiten.

In ihrer Heimat fühlt Sisi sich geborgen, da hat sie auch einen gesunden Appetit! Ihre Wunschmenüs sind ebenso schmack- wie nahrhaft – Max Strauch zeichnet sie sorgfältig auf. Er erfüllt dem prominenten Stammgast jeden Wunsch: 1882 wird ein Turnzimmer eingerichtet, und eine geheime Wendeltreppe ins Freie sichert der Kaiserin ihre Privatsphäre. Am Ende des Gartens sitzt sie oft lesend auf einer Bank, später wird hier ihr Denkmal stehen.

An das Hotel schließt ein weitläufiger Park an, bis hinunter zum See, vom berühmten Gartenkünstler Peter Joseph Lenné geplant, wie auch die Roseninsel. Im Park hat König Max II. von Bayern ein prunkvolles Schloss in Auftrag gegeben. Doch bei seinem Tod 1864 ist gerade erst das Kellergeschoss fertig. Sein Sohn Ludwig II. hat kein Interesse daran, er liebt nur die Roseninsel, zu der er von Schloss Berg am anderen Ufer mit dem Dampfschiff *Tristan* fährt. Manchmal schwimmt er sogar. Fünf Kilometer! Hier trifft er bei Schönwetter seine Cousine Sisi, bei Schlechtwetter besucht er sie zum Tee im Hotel.

Der Abend des 13. Juni 1886 ist kalt und regnerisch. Sisi genießt ihr Diner: Hirnconsommé, Starnberger Saibling mit Kartoffeln, Rinderfilet mit Sauerampfer, Spargel mit Sauce Hollandaise, Rehkoteletts, Kalbsvögerl mit Reis, Schokotorte und Wickelmus. Zur selben Zeit kommt am anderen Ufer des Sees König Ludwig zu Tode, unter mysteriösen, bis heute ungeklärten Umständen.

Adresse D-82340 Feldafing, Tutzinger Straße 2 | **Anfahrt und Öffnungszeiten** Hotel derzeit wegen Renovierung geschlossen, Infos unter www.kaiserin-elisabeth.de | **Tipp** In der Dorfkirche hat Franz Joseph ein Glasfenster mit Sisis Porträt gestiftet, Albert von Thurn und Taxis eines mit dem Bild seiner Mutter Nené.

2 Die Roseninsel

Sisi und Ludwig – Möwe an Adler

Das *Casino* auf der Roseninsel ist nichts anderes als ein kleines Haus. Franz Jakob Kreuter hat es geplant, im Pompejanischen Stil mit sechs Zimmern, im Auftrag von König Max II., der auf der Insel mit seiner Familie Zeit verleben möchte, abgeschieden, fern von höfischen Zwängen. In dem nach dem Vorbild von Sanssouci angelegten Garten ragt eine blau-weiße Säule empor, gekrönt von einem goldenen Mädchen, das einen goldenen Papagei füttert – Symbol für die Unschuld und für das Paradies.

Kein Wunder, dass es Sisi hierherzieht, sooft sie in Possi oder im Hotel Strauch weilt. Sie setzt mit dem Kahn über, der mit Hilfe einer Glocke am Steg herbeigeläutet werden kann. Im zauberhaften Garten saugt sie den Duft von hunderten Rosen ein, als Hochstämme genau in Riechhöhe gepflanzt. Manchmal verabredet sie sich mit Max' Sohn Ludwig, ihrem acht Jahre jüngeren Cousin, seit 1864 König Ludwig II. Ist er verhindert, wie etwa im Juni 1885, deponiert sie, die Möwe, für ihn, den Adler, ein Gedicht im Geheimfach des Sekretärs. Nur sie und ihr Freund aus Jugendtagen besitzen einen Schlüssel.

»Du Adler, dort hoch auf den Bergen, / Dir schickt die Möwe der See / Einen Gruß von schäumenden Wogen / Hinauf zum ewigen Schnee.« An einem anderen Tag wird Sisi seine Antwort finden: »Der Möwe Gruß vom fernen Strand / Zu Adlers Horst den Weg wohl fand, / Er trug auf leisen Fittig-Schwung / Der alten Zeit Erinnerung.«

Am Pfingstmontag des folgenden Jahres ereilt Sisi beim Frühstück im Hotel Strauch die erschütternde Nachricht. Ludwig, Tage zuvor wegen angeblicher Geisteskrankheit entmündigt und gegen seinen Willen in Schloss Berg gefangen gehalten, sei im See ertrunken, mit ihm Dr. Gudden, sein Irrenarzt. Selbstmord? Unfall? Fluchtversuch? Mord? Die Umstände werden nie geklärt. Sisi ist außer sich. Sie lässt in der Dorfkirche eine Messe lesen. Dann fährt sie nach München und legt Blumen auf Ludwigs Sarg.

Adresse D-82340 Feldafing, Wittelsbacher Park 1 | Anfahrt und Öffnungszeiten www.roseninsel.bayern | Tipp Die Stelle im Starnberger See unterhalb von Schloss Berg, wo Ludwig II. am 13. Juni 1886 tot aufgefunden wurde, ist mit einer Gedenktafel markiert. Bestattet ist Ludwig in der Fürstengruft in der Münchner St.-Michael-Kirche.

3 Das Hofbräuhaus

Ein unvergesslicher Spaziergang

Am 26. Juli 1898 heiratet in München Sisis Nichte Sophie (23), Tochter ihres Bruders Carl Theodor alias Gackel. Sisi, auf der Durchreise nach Bad Nauheim, wünscht die glückliche Braut und ihren Bräutigam Hans Veit III. zu Toerring-Jettenbach zu sehen. Am 25. Juli steigt sie im Grand Hotel Continental ab, empfängt die beiden herzlich, lauscht aufmerksam der romantischen Liebesgeschichte. »Da hast du es gut getroffen«, sagt sie zu Sophie, »du brauchst keine Anarchisten zu fürchten!« Hans Veit nämlich ist für seine demokratische Einstellung bekannt. Gackel bemerkt dazu: »Es ist die fixe Idee meiner Schwester, vor den Anarchisten Angst zu haben – nicht für sich selbst, sondern für den Kaiser.«

Sisis Hofdame Gräfin Sztáray erinnert sich, wie sie danach in die Stadt gingen. »Dieser Spaziergang wird mir ewig unvergeßlich bleiben. Er war ganz verschieden von der Art, in der wir sonst eine Stadt zu durchstreifen pflegten.« Wehmütige Erinnerungen an frühere, bessere Zeiten werden wach. Sie kommen am Hotel Bayerischer Hof vorbei, in dem Sisi oft logierte, stehen dann vor dem herzöglichen Palais in der Maximilianstraße, wo Sisi ihre Kinderjahre verbracht hat. »Das sind die Fenster meines Mädchenzimmers!« Auch im Hotel Vier Jahreszeiten hat sie schöne Tage erlebt.

Sisi strebt auf das kürzlich aus- und umgebaute Hofbräuhaus zu. »Ich verlasse niemals München, ohne hier einzukehren – treten wir also ein und benehmen wir uns fein bürgerlich.« An der Schank bestellen sie zwei Krügel in bunt gemusterten, mit Deckeln versehenen Steingefäßen. Sie fassen je einen Liter! Irma Sztáray schafft es nicht, das Krügel leer zu trinken. »Mein Lieblingsgetränk ist diese braune Flüssigkeit auch nicht, doch es gehört schon zu meinen Traditionen, in München dem bayerischen Biere die Ehre meines Besuches anzutun.«

Da erkennt jemand die Kaiserin. Sie flüchtet. Es soll ihr letztes Krügel Bier bleiben.

Adresse D-80331 München, Platzl 9 | **ÖPNV** U 3, U 6, Station Marienplatz | **Öffnungszeiten** www.hofbraeuhaus.de | **Tipp** Am 1951 errichteten Nachfolgebau von Sisis Geburtshaus, dem Herzog-Max-Palais in der Ludwigstraße 13, ist eine Gedenktafel angebracht. Heute residiert hier die Deutsche Bundesbank.

4 Der Bahnhof Possenhofen

Endlich daheim!

Vor dem kleinen Bahnhof in Possenhofen ist Sisi nun endgültig angekommen, jugendlich anmutig, als wäre sie gerade ihrem Hofsalonwagen entstiegen, in freudiger Erwartung, ihre Mutter Ludovika alias Luise im geliebten Possi wiederzusehen, das nur 650 Meter entfernt liegt.

Seit der Eröffnung der Kaiserin-Elisabeth-Westbahn zwischen Wien und München ist ihre Heimat Gott sei Dank viel näher gerückt. Schon im Juli 1860 fährt sie erstmals von Wien nach Salzburg, ganz privat, zwei Wochen vor der offiziellen Eröffnung der Bahnlinie. Fünf Jahre ist sie schon nicht in Possenhofen gewesen! Eigentlich ist sie aus Wien: geflohen. Drei Schwangerschaften in vier Jahren, der zermürbende Kampf mit ihrer Schwiegermutter, Streit mit Franz Joseph und die Sorge um ihre Schwester Marie haben sie erschöpft, ihre Gesundheit ist angegriffen. In Possi kann sie sich endlich erholen und neue Kraft sammeln.

1865 dann lässt König Ludwig II. den Bahnhof Possenhofen errichten, mit einem eleganten, dem Adel vorbehaltenen Wartesaal. Den Bau des Prunkschlosses im Lenné-Park von Feldafing, den sein erst kürzlich verstorbener Vater König Max II. begonnen hat, stellt er ein und verwendet die Fundamentsteine für das neue Bahnhofsgebäude. Am 4. Juli 1869 kommt Sisi erstmals in der schmucken Bahnstation an, mit Gisela (13) und Marie Valerie, die im April ein Jahr alt geworden ist. Diesmal logiert sie im nahen Schloss Garatshausen, das ihrem ältesten Bruder Ludwig gehört. Ab 1870 wird sie sich im Hotel Strauch in Feldafing einquartieren, mit ihrem ganzen Hofstaat.

Die Statue zu ihren Ehren würde ihr gefallen. Der Bildhauer Jozek Nowak, gebürtiger Pole und seit 1994 Pöckinger, hat sie überlebensgroß aus dem Stamm einer Platane geformt, detailreich und realistisch, und in Bronze gegossen. Im ehemaligen Wartesaal ist ein entzückendes Museum voller einzigartiger Erinnerungsstücke an Sisi und ihre Familie eingerichtet.

Adresse D-82343 Pöcking, Schlossberg 2 | **Öffnungszeiten** frei zugänglich, Museumsbesuch nach Vereinbarung, Infos unter www.kaiserin-elisabeth-museum-ev.de | **Tipp** Für den 1887 bis 1892 errichteten Kalvarienberg hat Sisi die zwölfte Station gestiftet. Der Alte Kalvarienberg war für sie als Kind ein Lieblingsplatz.

5__Das Schloss Possenhofen

Unbeschwerte Kindheit am Würmsee

Geboren wird Sisi in dem von ihrem Vater Max in Bayern errichteten Palais in München, am Heiligen Abend 1837. Schon ihren ersten Sommer verbringt sie auf Schloss Possenhofen, das ihr Vater 1834 erworben hat, und danach jeden Sommer bis zu ihrer Heirat im April 1854. Possi, wie Sisi den Landsitz liebevoll nennt, ist für sie der Inbegriff von Heimat, hier findet man ihre Wurzeln. Heute ist Possi Privatbesitz, doch ein Spaziergang in der Umgebung lässt erahnen, wie frei und naturnah Sisi aufgewachsen sein muss und warum sie die Hofburg in Wien als Gefängnis empfand.

Amélie, Tochter von Sisis früh verwitwetem Bruder Carl Theodor und Lieblingscousine von Marie Valerie, hat uns ihre »Erinnerungen an Großmama« hinterlassen. Darin beschreibt sie Ludovika alias Luise, und fast glaubt man, Sisi vor sich zu haben. Wahrheitsliebend sei sie gewesen, mit offenen Augen für die Welt, nie beschönigend in ihrem Urteil, in manchem eine große Dame und auf Schicklichkeit bedacht. »Doch haßte sie so manchen Zwang, ging gerne viel in die freie Natur, ohne sich besonders dafür anzukleiden.« Von ihr, so Amélie, hätten sie wohl alle die Liebe zur freien Natur – und zu stundenlangen Fußwanderungen. »Sie verkehrte leutselig mit jedermann, auch der einfachsten Bäuerin.«

Man kann sich gut vorstellen, wie Sisi mit ihrem Hund Bummerl über die Wiesen streift, durch die Wälder reitet und im Starnberger See schwimmt, der noch Würmsee heißt. Sie sei, so erzählte Ludovika es Amélie, ein besonders gutes Kind gewesen, aber nicht besonders hübsch, ehe sie sich mit etwa 14 plötzlich »zu großer Schönheit« entwickelt habe. Das bestätigt ein berühmtes Gemälde: die noch nicht 16-jährige Braut auf ihrem Pferd vor dem Springbrunnen des Schlosses, im Hintergrund der See. Carl Theodor von Piloty hat es »nach der Natur« gemalt, als Weihnachtsgeschenk für Franz, der Sisi, so sagt man, bei den Porträt-Sitzungen die Zeit vertrieb. Das Bild hing 60 Jahre über seinem Bett.

Adresse D-82343 Pöcking, Karl-Theodor-Straße 14 | **Öffnungszeiten** nur von außen zu sehen | **Tipp** Im romantischen Park sind Reste einer Mauer und eines Wachturms des ursprünglichen, von Jacob Rosenbusch 1536 erbauten Renaissanceschlosses zu finden. Dort, wo Sisi einst schwimmen gelernt hat, kann man heute im historischen Strandbad Feldafing (1927) baden.

6 Das Schloss St. Emmeram

Am Sterbebett von Nené

Kaum hat Sisi sich nach dem tragischen Selbstmord ihres Sohnes Rudolf im Jänner 1889 ein wenig gefangen, dem größten Schmerz ihres Lebens, da stirbt im Februar 1890 ihr Freund und Ratgeber Gyula Andrássy. Und im Mai trifft die nächste Hiobsbotschaft ein. Ihr Neffe Fürst Albert »Manni« von Thurn und Taxis telegrafiert aus Regensburg, seine Mutter Helene alias Nené, Sisis drei Jahre ältere Schwester, sei lebensgefährlich erkrankt: eine schwere Entzündung im Unterleib mit hohem Fieber und Schüttelfrost. Sisi fährt sofort los und trifft am Abend des 14. Mai auf Schloss St. Emmeram ein, dem ehemaligen Reichskloster. Sie verbringt so viel Zeit wie möglich am Bett der Todkranken. Nené ist nicht mehr ganz bei sich, spürt keinen Schmerz; vom Sterben will sie nichts wissen, freut sich einfach, dass »old Sisi« bei ihr ist, phantasiert von ihrem geliebten Mann Anton, der seit 28 Jahren tot ist, von Bubi, ihrem 1885 erst 23-jährig verstorbenen Sohn, von Elisabeth, ihrer Tochter, die sie 1881 mit 21 Jahren begraben musste.

Die Schwestern unterhalten sich in ihrer Geheimsprache Englisch, die sie dank ihrer gemeinsamen Nanny Mary Newbold seit frühester Kindheit verbindet. Ihr letztes Zwiegespräch hält Sisis Jüngste, Marie Valerie, in ihrem Tagebuch fest: »›We two have had hard puffs in our lives‹, sagte Mama. ›Yes, but we had hearts‹, antwortete Tante Nené.«

Die verhinderte Kaiser-Braut hat als einzige der fünf Schwestern eine glückliche Ehe geführt; sie dauerte leider nur neun Jahre. Den Rest ihres Lebens widmete Nené als Witwe ihren Kindern. Am 16. Mai 1890 stirbt Helene, Erbprinzessin von Thurn und Taxis, mit nur 56 Jahren. Ihre Mutter Ludovika überlebt sie um ein Jahr. Ihr Sohn Albert heiratet noch im Trauerjahr in der Königlichen Burg in Budapest Erzherzogin Margarethe Klementine von Österreich. Das Sterbezimmer seiner Mutter auf Schloss St. Emmeram lässt er zu einer Kapelle umbauen.

Adresse D-93047 Regensburg, Emmeramsplatz 5 | **Öffnungszeiten** Klosterkirche Mo–Do, Sa 10–16 Uhr, Fr, So 12–16 Uhr; Infos zu Anfahrt und Schlossführungen unter www.thurnundtaxis.de | **Tipp** Sehenswert ist die frühromanische, im 18. Jahrhundert barock ausgestattete Basilika St. Emmeram, Nationalheiligtum des frühen Bayern, wo Sisi bei all ihren Aufenthalten im Schloss die Messe besuchte.

7 Das Schloss Tegernsee

Luise und Maximilian – eine Ehe wider Willen

Im November 1824 begleitet die bayerische Königstochter Ludovika alias Luise (16) ihre Schwester Sophie (25) nach Wien, wo diese mit Franz Karl (28) vermählt wird, dem Sohn des österreichischen Kaisers. Eine Hochzeit aus Staatsräson, von Liebe keine Spur. Luise hingegen verliebt sich unsterblich! In Miguel (22), Prinz von Portugal. Er lebt gerade in Wien im Exil, weil er in seiner Heimat einen Aufstand gegen den eigenen Vater angezettelt hat. Auch für ihn ist es die große Liebe, nach wenigen Tagen schon hält er um Luises Hand an. Doch ihr Vater, König Max II. von Bayern, weist ihn ab. Ihre Mutter, Königin Caroline, bedauert das außerordentlich. Es sei selten, eine so ausgesprochen natürliche Neigung zu finden wie in diesem Fall. Luise ist todunglücklich, ihr Vater ein Jahr später: tot.

1828 wird Miguel König von Portugal und hält erneut um Luises Hand an, diesmal bei der Königinwitwe. Am 14. September trifft der Bote mit dem schriftlichen Antrag in der königlichen Sommerresidenz Schloss Tegernsee ein. König Max II. hat das ehemalige Kloster 1817 gekauft und umgebaut, weil Caroline sich bei einem Ausflug in den malerischen Ort verliebt hatte.

Doch Miguels Brief kommt zu spät. Luise ist am 9. September in der ehemaligen Stiftskirche St. Quirinus mit Maximilian Joseph verheiratet worden. Der prunkvolle Rahmen kann nicht über die fehlende Liebe bei dieser Hochzeit hinwegtäuschen, die in eine lebenslang unglückliche Ehe mündet. Noch dazu hat Luises Halbbruder König Ludwig I. den Bräutigam soeben per Dekret vom königlichen Prinzen zum Herzog degradiert. So ist auch Luise, die Königstochter, keine Prinzessin mehr. Miguels Heiratsantrag wird ihr wohlweislich verschwiegen. Man befürchtet das Erwachen einer alten Liebe. Zu Recht.

Wäre die Liebesgeschichte zwischen Sisis Mutter Luise und Miguel gut ausgegangen, hätte es Sisi nie gegeben, und alles wäre ganz anders gekommen.

Adresse D-83684 Tegernsee, Schlossplatz 2 | **Öffnungszeiten** Infos beim Pfarrbüro Tegernsee unter Tel. +49/8022/4640 | **Tipp** Gedenktafeln erinnern an die Hochzeit von Max und Luise und an ihre goldene Hochzeit am 9. September 1878, bei der Sisi anwesend war. In der Villa Valerie, heute das Rathaus von Rottach-Egern, besuchte Sisi 1888 ihre Nichte Marie Louise, die spätere Gräfin Larisch.

8 Wildbad Kreuth

Jede schöne Gegend ist ein Gedicht

Am 1. August 1887 wird Sisi (49) von Marie Valerie und ihrem Lieblingsbruder Carl Theodor alias Gackel am Bahnhof Gmund/Tegernsee freudig begrüßt. Sie hat vier Wochen im englischen Seebad Cromer verbracht. Marie Valerie (19) notiert: »Mama glücklich, in bestem Aussehen und Stimmung.« Später stößt Franz Joseph (56) dazu, dann Gisela mit Leopold und ihren drei Kindern. König Max II. von Bayern hat das ehemalige Kloster zur Wittelsbacher Sommerresidenz umbauen lassen; in der Klosterkirche musste seine Tochter Ludovika am 9. September 1828 Maximilian Joseph in Bayern heiraten.

Nun wird mit der ganzen Tegernseer Verwandtschaft der 48. Geburtstag Carl Theodors gefeiert. Der europaweit bekannte Augenarzt hat 1875 den Familienbesitz Tegernsee und Wildbad Kreuth geerbt. Sisi bleibt mit Marie Valerie 14 Tage und dichtet die »Kreuther Stimmungslieder«. Franz Joseph hat leider nur drei Tage Zeit, weil in Gastein schon König Wilhelm (90) auf ihn wartet.

Im Sommer 1888 steht das nächste Familienfest auf dem Programm: Sisis Mutter Ludovika, meist Luise genannt, wird am 30. August 80 Jahre alt. Gefeiert wird in Wildbad Kreuth, wo die Jubilarin immer öfter Zeit verbringt. »Nun zogen wir uns alle um und versammelten uns nach und nach von 1/2 8 ab in Grossmamas Salon, wo endlich zum Klang der infamen Kreuther Curmusik zu tanzen begonnen wurde.« Nicht nur Gisela mit den Kindern und Gackel mit Marie José und ihren Töchtern – auch Rudolf (29) und Stephanie (23) sind diesmal dabei. »Rudolf tanzt sogar und ist so lustig und natürlich wie seit Jahren nicht!«, notiert seine kleine Schwester in ihr Tagebuch. König Max I. hat Wildbad Kreuth mitsamt dem uralten Badhaus im Jahr 1818 erworben und bis 1825 eine mondäne Kuranlage errichten lassen.

Sisi und Marie Valerie genießen ihre Spaziergänge, Franz Joseph begleitet sie auf eine »Kraxelpromenade« in die Wolfsschlucht. Fast eine Familienidylle.

Adresse D-83708 Kreuth, Wildbad Kreuth | Anfahrt und Öffnungszeiten Gasthaus Altes Bad: www.altesbad.de | Tipp Die historische Kurbad-Anlage, derzeit eine »Pop-up-Lounge«, soll in den nächsten Jahren zu einem Luxus-Retreat umgebaut werden. Man kann in der Umgebung wunderbare Wanderungen auf Sisis Spuren machen, unter anderem zur Wolfsschlucht.

9 Belvoir Castle

Erstes Jagdabenteuer auf englischem Boden

Am 2. August 1874 reist Sisi (36) erstmals nach England. Auf der Isle of Wight hat sie sich mit Marie Valerie (6) auf Empfehlung ihrer Jetset-Schwester Marie Sophie in Steephill House eingemietet. Im nahen Osborne House verbringt Queen Victoria den Sommer, Sisi besucht sie dort einmal zum Lunch – widerwillig. Das Wetter ist stürmisch, die erhoffte Privatsphäre eine Illusion. Sisi flüchtet für fünf Tage nach London, ins fashionable Claridge's. Das Sightseeing beinhaltet auch Madame Tussauds: Franz Joseph als Wachsfigur! Amazing! Am 22. September besteigt Sisi schon wieder den Zug nach London und bricht von dort zu ihrem ersten englischen Jagdabenteuer auf.

Auf Einladung von Charles Manners, 6th Duke of Rutland, nimmt sie an einer Parforcejagd in dessen herrlichem Jagdgebiet bei Melton Mowbray teil. Mit 17-köpfiger Begleitung und vier Pferden steigt sie im Harboro Hotel ab. Begeistert besucht sie Gestüte und die berühmte Jagdhundezucht des Duke auf Belvoir Castle oder Beaver Castle, wie die Engländer, des Französischen nicht mächtig, es nennen. An seiner Stelle stand einst die Burg von Robert de Todeni, Standartenträger der normannischen Eroberer in der Schlacht von Hastings 1066. Sie wurde ebenso zerstört wie die Nachfolgebauten, auf deren Mauern der Vater des Duke die prächtige neogotische Burg errichten ließ.

Sisi bewundert die Aussicht, die Gärten, die prächtigen Innenräume und verewigt sich im Gästebuch. Sie genießt es, sich im Damensattel mit den Herren zu messen. »Die zwei Tage waren so ermüdend, dass die Herrn alle todt waren. Ihre Majestät war ganz beschwingt, keine Spur von Müdigkeit. Sie unterhielt sich famose«, schreibt Gräfin Festetics.

Die Fortsetzung des Jagdabenteuers folgt zwei Jahre später. Sisis Gastgeber wird Earl Spencer von Althorp Castle sein, den sie auf Belvoir Castle kennengelernt hat, ein Freund des Duke und Urgroßonkel von Lady Diana Spencer.

Adresse UK-Grantham NG32 1PE | **Anfahrt und Öffnungszeiten** www.belvoircastle.com | **Tipp** Die weitläufigen Themengärten unterhalb des Schlosses, 1814 von der 5th Duchess of Rutland angelegt, sind sehens- und begehenswert. Im altehrwürdigen Harboro Hotel in der typisch englischen Kleinstadt Melton Mowbray kann man heute noch übernachten.

10 Althorp House

Sisi und der Rote Earl – Lady Dianas Urgroßonkel

Am Dienstag, den 7. März 1876, ist Sisi (37) erstmals zu Gast in Althorp House, auf dem Stammsitz der Spencers. John Poyntz, 5th Earl Spencer (39), und seine Frau Charlotte empfangen sie zum Lunch. Earl Spencer, wegen seines leuchtend roten Barts der Rote Earl genannt, hat sie zwei Jahre zuvor auf Belvoir Castle als exzellente Reiterin kennengelernt. Nun vertraut er sie seinem besten, schneidigsten Piloten an, der sie auf der Jagd mit Hundemeuten querfeldein über Hecken, Mauern und Gräben führen soll: William »Bay« Middleton.

Bay ist misstrauisch und: not amused. Sisis kapriziöse, intrigante Schwester Marie zu pilotieren, die nur sehr mittelmäßig reitet, hat er abgelehnt. Doch als er Sisi, die in Sassetot, Gödöllő und in der Wiener Krieau gewissenhaft geübt hat, auf der ersten Jagd erlebt, ist Bay: baff. Sie reitet besser, mutiger und ausdauernder als die meisten Männer. Im Damensattel! Bay wirft alle Vorurteile über Bord – eine wahrhafte Freundschaft beginnt. Nicht weniger, aber auch nicht mehr. Marie allerdings wird maßlos eifersüchtig sein und bösartige Gerüchte streuen.

Sisi hat sich und ihr Gefolge in Lord Fermor-Hesketh Easton Neston House eingemietet und verbringt ihre Abende abwechselnd dort und in Althorp House. Sie genießt die ungezwungene Gesellschaft der englischen Adeligen, wo auch Bay Middleton, obwohl nicht standesgemäß, aufgrund seiner Fähigkeiten respektiert wird. Fast täglich nimmt sie an den anspruchsvollen, ja gefährlichen Grafton und Pytchley Hunts teil. Auch zu dem gastfreundlichen Roten Earl, der die Jagden organisiert und ihr alle Türen öffnet, entwickelt sie eine freundschaftliche Beziehung. Als Zeichen ihrer Wertschätzung schenkt sie ihm später ein Gemälde, das sie in Jagdkostüm und Zylinder anmutig auf ihrem Fuchs *Merry Andrew* reitend zeigt, gemalt von John Charlton. Es erinnert bis heute an sie, im Billard Room von Althorp House.

Adresse UK-Northampton NN7 4HQ, Althorp House | **Anfahrt und Öffnungszeiten** www.althorpestate.com | **Tipp** Im Park erinnert ein Memorial an die Ururgroßnichte des 5th Earl Spencer, Lady Diana Spencer, die hier aufgewachsen und auch begraben ist. Zwischen Althorp und Cottesbrooke steht die weltberühmte All Saints Church (erbaut 680). Einen Besuch wert ist der Coton Manor Garden in Guilsborough.

11__Cottesbrooke Hall

Sisis schönste Reitferien

Das Haus der Familie Langham, in dem Sisi Anfang 1878 wohnt, ist nicht das größte, aber das gemütlichste von all den Anwesen, die Sisi in England gemietet hat. Herbert Hay Langham, Neffe des Besitzers und quasi Hausherr, charmant und allseits beliebt, ist seit Kurzem Master of the Pitchley Hunt. Jeden Morgen um neun, außer sonntags, erwartet er seinen prominenten Gast vor dem Haus. »Dieser schöne alte Wohnsitz mit der prächtigen Parkanlage! Auf den herrlich grünen Wiesen das bunte, unbeschreiblich belebte Bild der Jäger in ihren rothen Röcken, auf den schönen, vor Erregung faßt zitternden Pferden! Die Damen, die hübschen lustigen Hunde mit ihren verschieden braunen Flecken! Ihre Bändiger mit der Peitsche und dem Horn! Der Master, wie ein Regent mit stoischer Gleichmut um sich blickend!« Dazu der wunderschön angelegte romantische Garten, der endlos weite Park mit blökenden Schafherden und die steinerne Brücke über das Flüsschen. Gräfin Festetics ist hellauf begeistert.

Sisi, *The Fairy Queen* genannt, erscheint und bezaubert alle. In der Hall ist für die Jagdgesellschaft ein Frühstück vorbereitet. Die edel gedeckten Tische biegen sich vor Köstlichkeiten. »Roastbeef für ein Regiment, Mutton, Indian, Fische, Sweets und Sandwiches in ungezählter Menge!« Die Zimmer allerdings sind eisig kalt.

Erst abends um sieben kehrt die Kaiserin zurück, müde, glücklich, entspannt. Ihre Schwester, die Ex-Königin beider Sizilien, ist manchmal mit von der Partie. An ihr lässt die Gräfin kein gutes Haar. Kein Wunder, erzählt Marie doch herum, Sisi (40) habe eine Affäre mit Bay Middleton (32), der sie bei den Jagden pilotiert. Auch Kronprinz Rudolf (19), der auf seiner Grand Tour durch Großbritannien am 3. Februar nach Cottesbrooke kommt, tischt sie die Story auf. Er wird den fröhlichen rothaarigen Schotten fortan verachten. Und Sisi kann ihrer Schwester die folgenschwere Lüge nie verzeihen.

Adresse UK-Northampton NN6 8PF, Cottesbrooke Hall | **Anfahrt und Öffnungszeiten** www.cottesbrooke.co.uk | **Tipp** Auf dem Friedhof der St. Michael's Church in Haselbech ist Sisis Reitpilot Bay Middleton mit seiner Frau Charlotte begraben. Er hatte beschlossen, seine Laufbahn zu beenden, und brach sich bei seinem Farewell-Steeplechase am 9. April 1892 das Genick.

12 Easton Neston House

Ein Juwel des englischen Barock

Als Sisi im März 1876 auf Easton Neston eintrifft, staunt sie nicht schlecht. Wie sich das englische Barock doch vom österreichischen unterscheidet! Understatement pur. Schlicht, fast streng präsentiert sich das Anwesen, das der britische Architekt Nicholas Hawksmoor, Schüler von Christopher Wren, um 1700 anstelle eines alten Gebäudes geplant hat. Bemerkenswert sind die überdimensionalen Fenster, die das Haus mit der herrlichen Umgebung verbinden: ausgedehnte Wiesen, niedrige Hecken, Mauern, Zäune und jahrhundertealte Bäume, an der Unterseite von weidenden Schafen fein säuberlich zurechtgefressen, wie von Gärtnerhand fassoniert. Sogar bei Menschen, die kaum jemals auf einem Pferd gesessen sind, weckt diese Landschaft eine archaische Sehnsucht, zu reiten, zu galoppieren, über Hindernisse zu springen.

Noch am Tag ihrer Ankunft nimmt Sisi an ihrer ersten Jagd teil und ist sofort wie verwandelt. Vergessen sind Wiener Intrigen und Hof-Etikette, wie weggeblasen nervöse Beschwerden und Melancholie. Hier fühlt sie sich frei und in ihrem Element. Erstmals wird sie von ihresgleichen als herausragende Reiterin geschätzt. Und die aufrichtige Anerkennung von Bay Middleton, den ihr Earl Spencer als Jagdführer zur Seite stellt, freut sie besonders. Er ist auf seinem Gebiet einer der Besten. Die beiden verstehen sich auf Anhieb prächtig.

Sisi reitet mehrere Stunden täglich, nur nicht am Sonntag, da besucht sie die Messe in der benachbarten St. Mary's Church. Am Ostermontag wird ihr zu Ehren in Towcester ein Pferderennen abgehalten und danach in Erinnerung an ihren Besuch eine Rennbahn errichtet. Sie befindet sich bis heute im Besitz der Familie Fermor-Hesketh. Easton Neston mit seinen Feldern, Wiesen und dem Dorf Hulcote wurde 2007 nach 470 Jahren an den Modedesigner Leon Max verkauft. Er hat das in die Jahre gekommene Anwesen wunderschön renoviert und mit neuem Leben erfüllt.

Adresse UK-Towcester NN12 7HS | Anfahrt und Öffnungszeiten In Hulcote parken, nach dem Schranken den Schildern »Church« folgen. Das Anwesen ist privat, vom Weg aus jedoch gut zu sehen. | Tipp Die St. Mary's Church ist frei zugänglich und mit Voranmeldung (Tel. +44/327/350459) oder vor Gottesdiensten (1. Samstag im Monat 18 Uhr) zu besichtigen.

13 La Réserve de Beaulieu

Ein Déjeuner zu Ehren des Kaisers

La Réserve, 1880 erbaut, ist anno 1895 ein weithin berühmtes Restaurant. Réserve, weil der Besitzer für seine illustren Gäste stets einen großen Vorrat an Fischen und anderem Meeresgetier parat hält, in einem gemauerten Reservoir, das mit Meerwasser gespeist wird. Sisi (58) ist seit Tagen ganz aufgeregt – der Termin für den Besuch von Franz Joseph auf Cap Martin, wo sie seit einigen Wochen zur Erholung weilt, steht endlich fest. Es ist der 10. Februar 1895. Vorfreudig lässt sie Irma Szártay alles notieren, was man ihrem gestressten Ehemann in seinem kurzen Urlaub bieten könnte. Sie schickt ihm vorab die Menükarte von La Réserve. »Für die Übersendung des Speisezettels von Beaulieu danke ich auch bestens. Das muss gut gewesen sein!«

Die Eheleute schreiben einander wie immer mehrmals wöchentlich, detailreich und aufmerksam. Franz Josephs Briefe zeugen von großer Besorgtheit um Sisi, beginnen stets mit »Édes, szeretett lelkem – meine süße geliebte Seele« – und enden mit innigster Liebe, Sehnsucht, Umarmungen und »Dein Kleiner«. Schon im letzten Jahr hat er mit Sisi zwei Wochen an der Riviera verbracht, auch im nächsten wird er sie besuchen.

Nach Tagen mit Schnee und Kälte herrscht am 10. Februar Kaiserwetter. Um elf Uhr schließt Franz am Bahnhof Mentone endlich seine Sisi in die Arme. Eine Kutsche bringt sie nach Cap Martin, wo sie viel Zeit zu zweit verbringen. Sisi hat einen Ausflug nach Beaulieu geplant, Irma, Graf Paar, Fürst Liechtenstein und Graf Berzeviczy sind mit von der Partie. Auf der Zugfahrt erklärt sie ihrem Mann lebhaft die vorüberfliegende Gegend. Im La Réserve wartet schon das Déjeuner, das die kleine Gesellschaft auf der vom Meer umspülten Terrasse einnimmt. Das Menü besteht nur aus Fischgerichten. Dem Kaiser gefällt alles, sogar die Lieder des italienischen Sängers. Sisi ist glücklich. Sie trägt ein schwarzes Samtkleid und sieht frisch und jugendlich aus.

Adresse F-06310 Beaulieu-sur-Mer, Boulevard du Maréchal Leclerc 5 | Anfahrt und Öffnungszeiten www.reservebeaulieu.de | Tipp La Réserve wurde 1905 zu einem Fünfsternehotel ausgebaut – fortan ein Treffpunkt der Reichen, Privilegierten, die man »Happy Few« nannte. Das »Restaurant des Rois« hat einen Michelin-Stern.

14 L'Obélisque du Cap Martin

Den Duft wilder Pistazien atmen

Sobald die Kaiserin sich an einem Ort aufhält, kommt dieser in kürzester Zeit in Mode. So auch der kleine Küstenort Cap Martin an der französischen Riviera, ehedem viel weniger en vogue als Nizza oder Monte Carlo. Im Hôtel du Cap Martin verbringt Sisi in ihren letzten Lebensjahren, von 1894 bis 1897, jeweils mehrere Wochen zwischen Dezember und März. Es liegt auf einem Felsensporn, der ins Meer ragt, und ist von einem Park umgeben. Der Komfort ist außergewöhnlich: Strom, Gas und Aufzüge, Fließwasser in allen Zimmern des Westtrakts, den Sisi mit dem Hofstaat bewohnt. Der Park ist nachts beleuchtet, am Ufer steht ein maurischer Teepavillon.

Der Aufenthalt am Meer soll Sisis Körper wohltun, ihre Schmerzen an Nerven und Gelenken lindern. Vor allem jedoch ist er Balsam für ihre Seele. Zwar herrscht auch hier mitunter Kälte, und das Klima ist sehr feucht, doch der Anblick des Meeres, indigoblau, gesäumt von schroffen braunen Felsen, immergrünen Bäumen und duftend blühenden Sträuchern, wärmt ihr Herz und lässt ihre Gedanken fliegen. Sie macht ausgedehnte Wanderungen und Ausflüge, besucht schöne alte Dörfer. Cap Martin entwickelt sich zu einem wahren Familientreffpunkt. Sisis sechs Jahre jüngere Schwester Mathilde alias Spatz leistet ihr oft Gesellschaft, manchmal auch Marie Valerie. Mit Franz Joseph verbringt Sisi viel Zeit in einer harmonischen Zweisamkeit, wie sie in Wien unmöglich scheint. In seiner Begleitung macht sie sogar offizielle Besuche, etwa bei Ex-Kaiserin Eugénie in der Villa Cyrnos und bei Queen Victoria, die im März 1896 in Nizza urlaubt.

Gegenüber dem Hotel, seit 1959 ein Appartementhaus, wird am 6. April 1899 ein Obelisk eingeweiht. In seinen Sockel ist ein Gedicht der Madame de Montgomery gemeißelt – eine Eloge auf die Kaiserin, die an genau dieser Stelle zu sitzen pflegte, »um den Duft wilder Pistazien zu atmen«.

Adresse F-06190 Roquebrune-Cap-Martin, Avenue Winston Churchill 36 | **Öffnungszeiten** frei zugänglich | **Tipp** Das ehemalige Hotel ist heute in Privatbesitz und nur von außen zu sehen. Vom Turm des mittelalterlichen Château Grimaldi hat man einen wunderbaren Blick auf Roquebrune und das Meer (10–12.30 und 14–17 Uhr).

15 Der Hafen von Fécamp

Einsame Bootsfahrten an der Alabasterküste

In ihrem Sommer in Sassetot-le-Mauconduit im Jahr 1875 wird Sisi der Kontakt mit den Einheimischen am belebten Strand von Les Petites Dalles manchmal doch zu viel. Dann lässt sie die kleine Marie Valerie in der Obhut ihrer Hofdamen und fährt mit Jules Delahaye in seinem Boot die Küste entlang, oft mehrere Stunden. Vorausgesetzt, das Wetter erlaubt es. Jules, Sohn des Maître Baigneur am Strand von Les Petites Dalles, ist erst 18 und sehr schüchtern. Doch bald verliert er seine Scheu, denn auf Förmlichkeiten legt die Kaiserin keinen Wert, ganz im Gegenteil. »Sie brauchen keine Furcht zu haben. Reden Sie zu mir, wie Sie zu Ihrer Schwester oder Mutter reden.« Sie lässt sich von seiner Familie erzählen, vom Leben der Dorfleute und von den Besonderheiten des Landstrichs an der Alabasterküste. Einfach, leutselig und gütig sei sie gewesen, erzählt Jules später, und habe so die Herzen der Menschen gewonnen.

Einmal bringt er die Kaiserin nach Étretat, wo sie die gewaltigen Kreidefels-Formationen bewundern kann, zum Beispiel den »Elefantenrüssel« und die mehr als achtzig Meter hohe »Nadel«. Doch meist führen die gemeinsamen Bootsausflüge sie in die nähere Umgebung, zu den Grandes Dalles etwa oder in den malerischen Hafenort Saint-Valery-en-Caux.

Mehrmals besucht Sisi Fécamp, wo sie am Bahnhof in ihrem Hofsalonwagen angekommen ist, mit dem sie die Normandie am 27. September auch wieder verlassen wird. Sie nützt jede Gelegenheit, inkognito durch die engen Gassen zu schlendern und die Sehenswürdigkeiten zu erkunden, zum Beispiel die archaische Kathedrale, Teil eines seit 658 bestehenden Klosters, in dem im Jahr 1001 Guillaume de Volpiano im Auftrag von Richard II. Benediktinermönche ansiedelte. Nach ihnen ist der berühmte Likör »Benedictine« benannt, der in Fécamp nach einem Geheimrezept aus sehr viel Alkohol und 27 Kräutern hergestellt wird. Ob Sisi ihn wohl verkostet hat?

Adresse F-76400 Fécamp | **Öffnungszeiten** frei zugänglich | **Tipp** Ganz in der Nähe des Hafens befindet sich der bescheidene, schön renovierte Bahnhof, wo Sisi mit ihrem Hofsalonwagen ankam und abreiste. Äußerst sehenswert ist die Kirche der Abbaye de la Trinité.

16_Les Petites Dalles

Strandvergnügen mit Marie Valerie

»Das Meer ist hier sehr ruhig, ich schwimme oder ich nehme nur ein Bad, weil das Ufer sehr unwegsam und steinig ist. Valerie hat bislang nur 4mal gebadet, aber sie spielt viel am Strand, manchmal sogar 3mal am Tag«, schreibt Sisi in einem Brief an Rudolf. Sie genießt die Ausflüge mit ihrer Lieblingstochter zum Strand, der von ihrem Feriendomizil, dem Château de Sassetot, schnell erreichbar ist. Man hat für sie einen kleinen Pavillon aus Weißtanne errichtet, wo sie sich nach dem Bad erholen kann. Ein Korridor aus Segeltuch schützt sie vor neugierigen Blicken anderer Strandbesucher, die hier ihre kleinen hölzernen Badehütten haben. »Anfangs hat es mich gestört, mit allen Leuten zusammen zu baden, aber jetzt habe ich mich daran gewöhnt.«

Das kleine Dorf Les Petites Dalles ist nicht nur wegen der heilsamen jodhaltigen Meeresluft berühmt, sondern vor allem wegen der atemberaubend schönen, steil abfallenden Alabasterfelsen. Im wechselnden Licht des sich in Minutenschnelle ändernden Wetters schillern sie von Weiß bis Rostrot, dazu kommt das Grün des Plateaus und die mit dem Himmel changierende Farbe des Meeres. Ein Ort der Inspiration für Dichter und Denker, Lieblingsmotiv für unzählige Künstler. Eugène Delacroix malt diesen einzigartigen Küstenabschnitt wieder und wieder, so wie später Camille Pissaro oder Claude Monet. Die Stimmung des Sommers 1875 jedoch hat Paul Valantin perfekt eingefangen, samt Pavillon und Korridor. Sogar die Kaiserin kann man in dieser Szenerie erahnen, und die am Strand spielende Marie Valerie.

Nach Sisis Besuch kamen Les Petites Dalles ein wenig in Mode, doch im Grunde sind sie bis heute ein Geheimtipp geblieben. An einem Kiosk isst man im Freien köstliche frische Austern, an einem anderen Eis. Die alten Backsteinhäuser werden von Generation zu Generation weitergegeben, ebenso die weiß lackierten Badehütten. Man fühlt sich wie damals en famille.

Adresse F-76450 Saint-Martin-aux-Buneaux, Chemin de Bellevue 1 | **Öffnungszeiten** frei zugänglich | **Tipp** An der Küste gibt es viele Orte mit wunderbaren Ausblicken auf die Kreidefelsen. Besonders malerisch ist der nahe gelegene Hafenort Saint-Valery-en-Caux, wo man gute Fischgerichte essen kann.

17 Le Château de Sassetot

Ein gefährlicher Reitunfall geht glimpflich aus

Fécamp, 31. Juli 1875. »Ihre Majestät Marie Elisabeth Eugenie, Kaiserin von Österreich, die inkognito unter dem Namen Gräfin Hohenembs reist, ist diesen Morgen um 8 Uhr 50 mit dem kaiserlichen Zug angekommen.« So beginnt der Bericht in »Le Monde illustré« über Sisis Reit- und Badeurlaub in der Normandie. In einer Kutsche fährt sie mit Marie Valerie, Gräfin Marie Festetics und Ida Ferenczy über Valmont zu dem 14 Kilometer entfernten Château aus 1772, das ihr Jean Deschamps Boishébert vermittelt hat, Sohn des früheren Besitzers. Zufällig war er in Wien dabei, als Leibarzt Dr. Widerhofer der kränklichen Marie Valerie (7) einen Aufenthalt in der besonders jodhaltigen Luft am Ärmelkanal empfahl. Das Schloss, um 30.000 Francs angemietet, hat Platz für die 70 Bediensteten, die mit angereist sind.

Auch ihr englischer Stallmeister begleitet sie. »Seit wir hier sind, reite ich jeden Tag«, schreibt sie an Rudolf zu seinem 17. Geburtstag am 21. August, »und ich springe auch häufig in einem Wildpark, wo Mr. Allen einen Springgarten angelegt hat.«

Am Morgen des 11. September reitet sie ein eben erst zugerittenes, übermüdetes Pferd. Es nimmt ein Hindernis zu schnell, strauchelt, stürzt und wirft die Reiterin ab, die ohnmächtig liegen bleibt. Hofarzt Dr. Widerhofer und Dorfarzt Dr. Renaud eilen herbei. Keine Brüche, Gott sei Dank! Doch Sisi hat eine schwere Gehirnerschütterung. Franz Joseph kann nur mit Mühe davon abgehalten werden, unverzüglich zu ihr zu reisen, was diplomatische Verwicklungen bedeutet hätte. Die Beziehungen zu Frankreich sind ja nicht die besten. Man verordnet Sisi Ruhe und Bäder im Meer. Am 27. September verlässt sie Sassetot, verpasst auf der Durchreise in Vernon den Präsidenten Patrice de Mac-Mahon, der sich dort wegen eines Manövers aufhält. In Paris macht sie eine Besichtigungstour – und reitet schon wieder gesund und munter durch den Bois de Boulogne.

Adresse F-76540 Sassetot-le-Mauconduit, Rue Elisabeth d'Autriche | Anfahrt und Öffnungszeiten www.chateaudesissi.com | Tipp In der mittelalterlichen Dorfkirche, 1852 neu aufgebaut, hat Sisis mitgereister Pfarrer für sie Messen gelesen. Gegen-über vom Château, in dem man wohnen und köstlich essen kann, steht seit 2012 eine Sisi-Büste.

18 Der Monte Gazzo

»So schön, so wunderschön!«

Am Dienstag, den 29. März 1893, arbeiten Tischler seit den frühen Morgenstunden daran, einen Sessel in einen Tragesessel umzubauen, und starke Männer werden bereitgestellt: Die Kaiserin, die seit drei Tagen im Hafen von Genua auf der *Miramar* weilt, will das Santuario di Nostra Signora della Misericordia besuchen. Sisi (55) fährt in der offenen Kutsche zur Chiesa San Giovanni Battista in der Via Domenico Oliva, wo schon Francesco Patrone auf sie wartet, um sie zu dem Heiligtum auf dem 421 Meter hohen Monte Gazzo zu führen. Doch selbstverständlich bewältigt sie den steilen Weg: zu Fuß! Begleitet wird sie von ihrer Hofdame Gräfin Festetics und ihrem Vorleser Frederick Barker. Insgeheim folgt ihr seit ihrer Ankunft am Bahnhof noch jemand auf Schritt und Tritt: ein Reporter von »Il Secolo XIX«. Ihm verdankt die Nachwelt eine minutiöse Beschreibung von Sisis Ausflügen, doch sind es andererseits seine Enthüllungen, die sie, die als Lady Parker ihr Inkognito wahren möchte, vorzeitig aus Genua abreisen lassen, mit Kurs auf Neapel.

Der beschwerliche Weg hat sich gelohnt. Sisi steigt die Treppe zur Madonna della Misericordia empor: schneeweiß, blauäugig, fünf Meter hoch, ein Werk des Bildhauers Antonio Brilla aus 1873. Weithin sichtbar soll sie manchem genuesischen Fischer die sichere Heimkehr ermöglicht haben. Sisi ist hingerissen von der Aussicht. »So schön, so wunderschön!«, ruft sie aus. Sie blickt über Genua, die uralten Häuser, das tiefblaue Meer und die hellen Strände bis zum Hafen, wo die *Miramar* vor Anker liegt.

Oberhalb des Hafens schmiegt sich der Friedhof Staglieno an den Berg. Tags zuvor hat Sisi dort die kunstvollen Grabmonumente besichtigt. Denn eigentlich ist sie in Genua vor allem auf der Suche nach einem Bildhauer. Sie will ein Denkmal in Auftrag geben, für ihren 1890 verstorbenen Sohn Rudolf, dessen Tod sie nicht verwinden kann. Auf ihrem kontemplativen Spaziergang durch die Stadt der Toten inmitten der grünen Hügellandschaft sind ihre Gedanken ganz bei ihm.

Adresse IT-16152 Genova, Piazza N. S. Signora del Gazzo 2 | Anfahrt www.santuariomontegazzo.it | Öffnungszeiten frei zugänglich | Tipp Am Wochenende hat die kleine Osteria geöffnet, ansonsten empfiehlt sich ein Picknick. Den Friedhof Staglieno, eigentlich ein Skulpturenpark, sollte man unbedingt besuchen.

19 Die Villa Pallavicini

Romantischer Gartenspaziergang

Villa Durazzo Pallavicini, 29. März 1893, kurz vor Mittag. Eine hochgewachsene Frau, schwarz gekleidet, mit einem hellgrauen Schirm, entsteigt einer offenen, einspännigen Kutsche. Es handelt sich um Lady Parker, die den märchenhaftesten Garten an der ligurischen Küste besuchen möchte, einen der schönsten in ganz Italien. Architekt Michele Canzio hat ihn 1840 im Auftrag von Graf Ignazio Pallavicini geplant – oder vielmehr: inszeniert. Eigentlich ist Michele nämlich Maler und Bühnenbildner, ein exzentrisches Universalgenie.

Lady Parker, begleitet von einer etwa gleichaltrigen Dame und einem eleganten jüngeren Herrn, begibt sich auf eine wundersame Reise durch Zeiten und Welten. Der Viale Classico führt sie zum Renaissancepalast der Grimaldis, den Ignazio Pallavicini zu seinem Sommersitz umbauen hat lassen. Dahinter liegt der Botanische Garten mit seinen phantastischen Blumenbeeten. Und dann beginnt Michele Canzios Inszenierung, in der die Natur und die Kunst eins werden.

Durch das Kaffeehaus, das einen etruskischen Tempel imitiert, führt der Weg zum Triumphbogen, an dessen Rückseite man sich urplötzlich in einer Einsiedelei wiederfindet. Die Wege verzweigen und verschlingen sich, den Hügel hinauf. Da ist ein Schweizerhäuschen, dort ein alter See mit echter Quelle, daneben ein Labyrinth und dann – der Höhepunkt: ein Diana-Tempel mitten in einem künstlich angelegten Teich, von exotischen Bäumen umringt, im Hintergrund eine Grotte, darüber eine römische Brücke. Dazu gesellen sich eine japanische Pagode und ein ägyptischer Obelisk. Was es wohl mit dem Rosenpavillon auf sich hat, in dem eiserne Spinnennetze hängen?

Lady Parker lässt sich treiben, von Szenerie zu Szenerie, von einem Akt zum nächsten. Nach zwei Stunden ist ihre wundersame Reise zu Ende. Sie erwacht als Kaiserin von Österreich, und ihre Begleiter entpuppen sich als Gräfin Festetics und Frederick Barker.

Adresse IT-16155 Genova, Via Ignazio Pallavicini 13 | **Anfahrt und Öffnungszeiten** www.villadurazzopallavicini.it | **Tipp** Es lohnt sich, einen Einkaufsbummel durch die Altstadt von Genua zu machen und die Köstlichkeiten der Confetteria Romanengo in der Via di Soziglia 74 zu probieren. Das hat anno 1893 auch Sisi gemacht.

20 Die Antonius-Basilika

Eine italienische Reise

Sisis offizielle Reise durch Oberitalien an Franz Josephs Seite dauert vier Monate und führt sie von Triest über Venedig, Padua, Vicenza, Verona, Brescia und Bergamo bis Mailand. Wie vom Wiener Hof erhofft, gewinnt die junge Kaiserin mit ihrer natürlichen Schönheit und Anmut viele Sympathien. Dennoch bleibt der Empfang durch den Adel, der die Herrschaft der Habsburger überwiegend ablehnt, in den meisten Städten kühl. Mitte November 1856 sind Sisi und Franz Joseph von Wien aufgebrochen. Nach einem langen Aufenthalt in Venedig reisen sie am Samstag, den 3. Jänner 1857, nach Padua. Und da geschieht das Wunder. In der etwas abseits gelegenen mittelalterlichen Stadt empfängt man das Kaiserpaar: freundlich! Vielleicht weht hier der gute Geist von Sant'Antonio, der hier als Ordenspriester der Franziskaner wirkte und 1231 verstarb.

Die Papafava dei Carraresi, seit 1834 österreichische Grafen, heißen die Majestäten in ihrem exquisiten Palazzo in der Via Marsala herzlich willkommen. Die ganze Stadt ist festlich geschmückt und am Abend, als die Majestäten ins Teatro Nuovo fahren und unter Jubel in der Hofloge erscheinen, auch glänzend beleuchtet. Am Sonntagmorgen um halb zwölf Uhr betritt Sisi staunend die Basilica di Sant'Antonio, um der Messe beizuwohnen. Ein gigantischer Bau umfängt sie, 118 Meter lang, 55 Meter breit und fast 40 Meter hoch, im byzantinischen Stil anno 1310 vollendet, ausgestattet mit Fresken und Skulpturen aus dem 14. und 15. Jahrhundert – Kunstwerke von unschätzbarem Wert. Die Fresken von Altichiero da Zevio in der Kapelle des heiligen Jakob sind so ausdrucksstark wie die von Giotto in der weltberühmten Scrovegni-Kapelle, ebenso die Malereien in der Cappella del Beato Luca von Giusto de'Menabuoi. Spiritueller Höhepunkt ist das Grabmal des heiligen Antonius.

Ob es wohl diese allererste Italienreise war, die den schlummernden Kunstsinn der blutjungen Kaiserin geweckt hat?

Adresse IT-35123 Padova, Piazza del Santo 11 | **Anfahrt und Öffnungszeiten** www.santantonio.org | **Tipp** Sisis Besichtigung der Scrovegni-Kapelle ist zwar nicht belegt, aber durchaus wahrscheinlich. Giotto malte seine weltberühmten Fresken um 1305, farbenprächtig, detailreich und revolutionär realistisch.

21_Das Royal Hotel

Erholung an der Riviera dei Fiori

Im Dezember 1897, kurz vor ihrem 60. Geburtstag, werden Sisis Nervenschmerzen so unerträglich, dass sie zu Dr. Georg Mezger nach Paris reist, um seine berühmte Massagekur zu machen. Das Wetter ist unfreundlich, feucht, kalt. Und Mezger besteht auf einer Behandlungszeit von mindestens sechs Monaten! Das ist der Kaiserin zu viel. Ende Jänner fährt sie mit Irma Sztáray nach Marseille, wo ihr schwimmendes Heim auf sie wartet, die *Miramar*, die sie nach Sanremo bringen soll. Doch das Meer ist stürmisch, Sisi fühlt sich krank. Noch dazu jährt sich wieder Rudolfs Todestag. Als Trost für sich und Franz Joseph schickt sie ein Telegramm nach Wien, wo es ebenfalls orkanartig stürmt. Drei Tage bleibt sie eingeschifft im Hafen. Dann glätten sich die Wogen, die Anker werden gelichtet.

Sanremo begrüßt sie mit Wärme und strahlendem Sonnenschein. Im mondänen Royal Hotel, 1872 eröffnet, ist eine Suite mit Terrasse und Meerblick für sie reserviert. Diplomaten, Künstler und Adelige gehen hier ein und aus. Durch einen glücklichen Zufall weilt auch Professor Nothnagel gerade hier, ein Neurologe aus Wien. Unverzüglich übernimmt er Sisis Behandlung, und schon nach wenigen Tagen tritt eine Besserung ein. Zumindest kann Sisi, auf Irmas Arm gestützt, wieder Spaziergänge machen. Zum Beispiel zur Villa Ormond mit ihrem subtropischen Park, der bis zum Meer hinunterreicht. Oder in das beim Erdbeben 1887 zerstörte Dorf Bussana Vecchia. Ausflüge mit der Bahn nach Nizza und Monte Carlo stehen auf dem Programm, in die malerischen Küstenorte Bordighera, Porto Maurizio und San Bartolomeo.

Allmählich kommt Sisi zu Kräften. Trotzdem schreibt sie an Franz Joseph, sie fühle sich wie 80! Was er übertrieben findet. Er sehnt sich nach ihr und hat Heimweh nach der lieben, sonnigen Küste. Doch diesmal wird er sie nicht besuchen können, seine Pflichten lassen es nicht zu. Ein nächstes Mal wird es nicht geben.

Adresse IT-18038 Sanremo, Corso Imperatrice 80 | Anfahrt und Öffnungszeiten www.royalhotelsanremo.com | Tipp Sisi besichtigte 1897 die Villa Ormond. In einem frei zugänglichen Botanischen Garten gelegen, beherbergt sie heute das Institut für Menschenrechte (Corso Felice Cavallotti 113). Die italienischen Küstenorte, die Sisi besuchte, haben – anders als die französischen – ihren Charme bewahrt.

22 Schloss Trauttmansdorff

Sisi bringt Meran in Mode

Wieder einmal möchte Sisi der Kälte der Wiener Hofburg entfliehen. Die kleine Marie Valerie braucht Luftveränderung! Die Wahl fällt auf Meran – wegen des milden Klimas und weil der aufstrebende Kurort innerhalb der Grenzen der Monarchie liegt. Auf dem Weg hat sie in der Innsbrucker Hofburg übernachtet und trifft am 17. Oktober 1870 in Schloss Trauttmansdorff ein. Sie hat das gesamte Obergeschoss gemietet, vom Erben des letzten Grafen Trauttmansdorff, Moritz von Leon, der dringend Geld braucht und vorübergehend in seine nahe gelegene Villa zieht.

Das Schloss ist eigentlich eine Burg aus dem 14. Jahrhundert, die vom Vorbesitzer renoviert und mit neugotischen Elementen versehen wurde. Die Atmosphäre ist einzigartig, das macht den mangelnden Komfort mehr als wett. Sisi hat den ältesten erhaltenen Raum als Schlafzimmer gewählt, das Burgzimmer mit Fresken aus 1564, als Toilettenraum dient die ehemalige Bibliothek des Grafen. Das Schloss ist nicht sehr groß, nur sie und Marie Valerie finden Platz. Gisela (14) und das aus über 100 Personen bestehende Gefolge samt Kutschen und Pferden hat man in umliegenden Ansitzen und Villen untergebracht. Bis Juni nächsten Jahres wohnt Sisi hier, sucht mit Gisela regelmäßig die Kuranlagen auf, erkundet zu Fuß die Gegend und macht Ausflüge in die Umgebung.

Die Meraner sind begeistert. Nach dem Aufenthalt der Kaiserin wird der Kurort garantiert in Mode sein! An Sisis Namenstag, dem 19. November, wird ein großer Schützenfestzug veranstaltet, und als zu ihrem 33. Geburtstag am 24. Dezember gar der Kaiser anreist, brennen ringsum auf den Bergen Freudenfeuer. In der Schlosskapelle zelebriert der k. u. k. Hofkaplan Dominikus Filip ein feierliches Hochamt. Mit dabei: Erzherzogin Gisela und Sisis Schwestern Marie (29), Königin von Neapel, und Sophie (23), Herzogin von Alençon. Nur Erzherzog Rudolf (12) muss wegen einer Halsentzündung das Bett hüten.

Adresse IT-39012 Meran, St.-Valentin-Straße 51a | **Anfahrt und Öffnungszeiten** www.trauttmansdorff.it | **Tipp** Von Schloss Trauttmansdorff führt der Sissi-Weg ins Stadtzentrum – in elf Stationen, darunter Schloss Rubein, wo 1870 ein Teil von Sisis Hofstaat untergebracht war, und Schloss Rottenstein, wo die Kaiserin einmal bei ihrem Schwager Karl Ludwig logierte.

23 Das Schloss Schenna

Zu Gast bei Erzherzog Johanns Sohn

Das malerisch gelegene Schloss Schenna im Nachbarort von Meran ist der Familiensitz von Franz von Meran, Sohn von Erzherzog Johann und seiner bürgerlichen Ehefrau, der Ausseer Postmeisterstochter Anna Plochl. Er war das einzige Kind aus dieser in jeder Hinsicht unkonventionellen Ehe, für die Johann, der neunte Sohn von Kaiser Leopold II. und Großonkel von Franz Joseph, auf alle Thronansprüche verzichtete. Bei Franz' Geburt war Johann schon 57 und Anna 35. Wenige Jahre später kaufte er für Franz das wunderschön gelegene, 1345 erbaute Schloss Schenna.

Im Dezember 1870 – sie hat sich seit Oktober auf Schloss Trauttmansdorff einquartiert – ist Sisi zum ersten Mal auf Schloss Schenna zu Gast. Begleitet wird sie von Franz Joseph, der sie in ihrem Winterdomizil besucht. Die beiden besichtigen auch das Mausoleum auf dem Kirchhügel: Franz von Meran hat die Grabstätte für seinen 1859 verstorbenen Vater unterhalb des Schlosses erbauen und den Leichnam von Graz hierher überführen lassen. Der weithin sichtbare monumentale Bau im neugotischen Stil hat sogleich Eingang in die lokalen Reiseführer gefunden: als Ort, den man auf jeden Fall gesehen haben muss. Sisi wird noch öfter die Gegend durchstreifen, sie verbringt noch weitere fünf Monate in Meran.

Der Gastgeber des Kaiserpaares, 1839 als Freiherr von Brandhofen geboren, ist erst 1855 von Franz Joseph in den Stand eines Grafen von Meran erhoben worden. Nun ist er seit acht Jahren mit der drei Jahre älteren Theresia Gräfin von Lamberg verheiratet, die gar aus dem Uradel stammt und ihm schon fünf Kinder geschenkt hat. Der Ausblick vom Speisesaal im zweiten Stock ist grandios. Besonders beeindruckt zeigt sich der Kaiser von der Waffensammlung aus dem 13. bis 19. Jahrhundert, den Landschaftsbildern von Johanns Kammermalern Eduard Gurk und Matthäus Loder und der Galerie von Porträts der gemeinsamen habsburgischen Ahnen. Und auch die größte private Andreas-Hofer-Sammlung hat es ihm angetan.

Adresse IT-39017 Schenna, Schlossweg 14 | Anfahrt und Öffnungszeiten www.schloss-schenna.com | Tipp Das Mausoleum kann man im Rahmen von Führungen besichtigen (April–Okt. Di, Do 9.30 Uhr). Sehenswert sind auch die gotische Pfarrkirche Maria Himmelfahrt und die Kirche St. Georg, ein romanischer Rundbau.

24 Das K. u. K. Museum

Onkel Taa's wundersame Reise in die Kaiserzeit

Bei ihren Aufenthalten in Meran in den Jahren 1870, 1872 und 1885 sei Sisi, so erzählt man, mehrmals nach Bad Egart gewandert und habe hier das eine oder andere heilsame Bad genommen. Ganz sicher ist das zwar nicht, aber unmöglich? Ganz und gar nicht! Der Ort ist von Schloss Trauttmansdorff und Schloss Rottenstein, wo die Kaiserin 1872 bei Franz' Bruder Erzherzog Karl Ludwig zu Gast war, zu Fuß in nur zwei Stunden erreichbar.

Das Badl wurde 1430 erstmals urkundlich erwähnt. Gleich oberhalb führt die berühmte Via Claudia Augusta vorbei, die älteste römische Kaiserstraße nördlich der Alpen. Und so ist es mehr als wahrscheinlich, dass schon die Römer in der Quelle der Nymphe Egeria badeten, vor allem aber die Römerinnen, denn Egerias Wasser hilft besonders gegen »weibliche Missstände«. Außerdem wirkt es lindernd bei Nerven- und Magenschwäche und Gelenkleiden – ideal für Sisis vielfältige Beschwerden.

Karl Platino alias Onkel Taa hat hier, wo die Römerquelle entspringt und bis 1959 das Badl stand, einen einzigartigen Ort geschaffen. Inspiriert hat ihn mit 15 Jahren ein Geschenk seiner Großtante Lise, einer großen Sisi-Verehrerin: zwei Bilder von Kaiserin Elisabeth und Kaiser Franz Joseph. Sie bilden den Grundstein seines Museums mit 4.000 Exponaten und Kuriositäten aus der Zeit der Habsburger, darunter das vielleicht umfangreichste Sammelsurium der Welt von bekannten und weniger bekannten Sisi-Bildnissen: Fotos, Andenken, Drucke und Gemälde.

In anderen Räumen sind mehr als 20.000 Gegenstände aus dem Südtiroler Alltagsleben ausgestellt. Im Innenhof türmen sich Badezuber aus dem Mittelalter, ein Specksteinofen zur Erwärmung des Badewassers und Wannen, in denen die Kurgäste einst gebadet haben. Womöglich auch die, in der Sisi einst die heilende Wirkung der Egeria-Quelle genoss. In der angeschlossenen historischen Gourmet-Gaststätte tafelt man kaiserlich – wie anno dazumal.

Adresse IT-39020 Töll/Partschins, Bahnhofstraße 17 | **Anfahrt und Öffnungszeiten** Museum und Restaurant: www.onkeltaa.com | **Tipp** Nicht weit entfernt versprüht der Partschinser Wasserfall seine natürlich heilkräftigen Mikropartikel inmitten einer herrlichen Berglandschaft. Gut möglich, dass Sisi auch dorthin wanderte.

25 Elisabetta

Herrschaft und Freiheit

In späteren Jahren reist Sisi meist privat nach Triest, hält sich im Schloss ihres tragisch verstorbenen Schwagers Maximilian auf, bricht von dort zu ihren Mittelmeerfahrten auf. Doch ihre erste Begegnung mit der für die Monarchie so lebenswichtigen Hafen- und Handelsstadt im November 1856 ist hochoffiziell. Die Stadt widmet diesem Besuch eine »Huldigungs-Adresse«, eine reich bebilderte Festschrift.

Am 17. September 1882 begleitet Sisi ihren Franz wieder in politischer Mission nach Triest, zur Eröffnung der Jubiläumsausstellung, trotz oder vielmehr wegen der drohenden Gefahr eines Attentats. Rädelsführer Guglielmo Oberdan wird am Tag vor ihrer Ankunft verhaftet. Seinem Komplizen Donato Ragosa gelingt dennoch ein Bombenanschlag, dem Sisi und Franz nur knapp entkommen. Oberdan, der den Anschluss von Triest an den Nationalstaat Italien anstrebt, wird noch im selben Jahr hingerichtet und so zum Märtyrer und Nationalhelden.

Unweit der Piazza Oberdan wird 1912 auf der Piazza Libertà ein Denkmal enthüllt – ausgerechnet für die dem Freiheitskämpfer verhasste österreichische Kaiserin. Doch ist nicht auch sie, 1898 von einem italienischen Anarchisten ermordet, zur Märtyrerin geworden? Hat nicht auch sie auf ihre Weise lebenslang um Freiheit, um Unabhängigkeit gekämpft? Überlebensgroß steht sie im Park vor dem Bahnhof, an dem sie so oft angekommen ist, aufrecht, in Bronze gegossen, vor einem rosenumrankten Thron. Triestiner Untertanen, vom Wiener Bildhauer Franz Seifert in Carrara-Marmor gemeißelt, huldigen ihr. Oder trauern sie?

Nach dem Untergang der Monarchie wird das Denkmal 1921 abgetragen und im Schloss Miramare gelagert. Erst am 5. Oktober 1997 wird »Elisabetta« auf Initiative von Riccardo Illy, Kaffeeröster und Bürgermeister von Triest, zum zweiten Mal enthüllt. Fast immer sitzt eine Möwe auf dem Denkmal, symbolisch für Sisis Liebe zur Freiheit und zum Meer.

Adresse IT-34132 Triest, Piazza della Libertà (vor dem Bahnhof) | Öffnungszeiten frei zugänglich | Tipp In dem von Wilhelm von Flattich entworfenen Bahnhof kam Sisi ab 1878 in Triest an. Den Festsaal des Palazzo del Lloyd Triestino ziert eines der schönsten Sisi-Gemälde, 1884 von Albert Ritzberger gemalt.

26 Das Schloss Miramare

Ankerpunkt für Sehnsuchtsreisen

Am 16. Oktober 1887, nach einer endlosen Bahnfahrt »durch gräulich dräuende Schluchten«, begrüßt Sisi freudig das Schloss Miramare, seinen immergrünen Garten und die liebliche See: »Da winken blauende Buchten, / Wo sich die Möwe wiegt. / Und alles duftet und blühet / Und strebt dem Meere zu; / Der Horizont aber erglühet / In tiefdurchgoldeter Ruh.« Sie sitzt am Fenster, in einem der Gemächer, die einst Maximilian und seine Frau Charlotte bewohnten.

Franz Josephs jüngerer Bruder, ein begnadeter Botaniker und Gärtner mit Hang zu allem Schönen, hat sich nahe Triest in der Bucht von Grignano einen Kindheitstraum erfüllt: »ein schönes Haus und einen großen Garten am Ufer des Meeres«. Zu Weihnachten 1860 ist er mit Charlotte eingezogen. Am 14. April 1864 bricht er nach Südamerika auf: Napoleon III. und nicht zuletzt die ehrgeizige Charlotte haben ihn überredet, sich gegen den Widerstand der Bevölkerung zum Kaiser von Mexiko krönen zu lassen. Im Juni 1867 wird er entthront und bei Querétano öffentlich hingerichtet, ohne Miramare je wiedergesehen zu haben. Seine Leidenschaft galt der Natur, dem Meer, dem Reisen in ferne Länder, doch er war auch ein begabter Architekt. Seine Vorstellungen prägten das Äußere wie das Innere des Schlosses. Sein Arbeitszimmer ließ er als Kajüte bauen.

Sisi teilt die Leidenschaften ihres Cousins – bis hin zum künstlerischen Gestaltungswillen, den sie im Achilleion auf Korfu verwirklichen wird. Nun, da Schloss Miramare nach Maximilians Tod ein Sommersitz der Habsburger geworden ist, nimmt sie den Ort als Ankerpunkt für ihre Reisen. Auch Franz Joseph kommt hierher, um sie zu begrüßen oder zu verabschieden.

Im Audienzsaal hängt heute noch ein berückendes Sisi-Porträt, das einzige, das von einer Frau gemalt wurde, von Eliza Turck, kurz nach Sisis Hochzeit. Im Historischen Saal erinnert ein Gemälde von Cesare Dell'Acqua an Sisis erste Ankunft in Miramare 1861.

Adresse IT-34151 Triest, Viale Miramare | **Anfahrt und Öffnungszeiten** www.miramare.cultura.gov.it | **Tipp** Im nahe gelegenen romantischen Schloss Duino, Lieblingsdomizil von Denkern, Musikern und berühmten Dichtern wie Rainer Maria Rilke, war Sisi mehrmals zu Gast (www.castellodiduino.it). Ein schöner Wanderweg, der Rilke-Weg, führt von einem Schloss zum anderen.

27 Der Obelisk von Opicina

Sisi sieht zum ersten Mal das Meer

Im November 1856 bricht Sisi mit Franz zu ihrer ersten großen Reise auf, die sie vier Monate lang durch die südlichen Kronländer führen wird, zunächst über Triest nach Venedig. Es ist eine politisch motivierte Reise. Die widerborstigen Italiener sollen der ungeliebten österreichischen Herrschaft gegenüber wohlwollend gestimmt werden. In Wien besteigt das Kaiserpaar samt Hofstaat die Südbahn. Am 19. November wird in Laibach Station gemacht. Der technisch schwierige Abschnitt der Südbahn zwischen Laibach und Adelsberg, nach siebenjähriger Bauzeit endlich fertiggestellt, wird eingeweiht. Sisi zu Ehren findet das Eröffnungsfest an ihrem Namenstag statt.

Der Abschnitt bis Triest wird erst im nächsten Juli dem Verkehr übergeben. So reist Sisi die letzten 50 Kilometer in der Kutsche. Immerhin halbwegs komfortabel, denn Franz' Großvater, Kaiser Franz II./I., hat den Ausbau der holprigen, 1780 angelegten Straße zu einem modernen Handelsweg veranlasst. In Franz' Geburtsjahr 1830 ist er sogar zur Eröffnung gereist. Triestiner Kaufleute haben dem Kaiser aus Dankbarkeit ein Denkmal gesetzt. Am höchsten Punkt des Dorfes Opicina, 350 Meter über dem Meer, thront seit 1839 unübersehbar der Obelisk mit der Dankesinschrift für den freigiebigen Herrscher.

Und hier, genau an dieser Stelle, sieht Sisi im November 1856 zum ersten Mal in ihrem fast neunzehnjährigen Leben das Meer. Zu ihren Füßen liegt der Golf von Triest, tiefblau glitzernd bei herrlichem Sonnenschein, vor der uralten Stadt mit ihren Hafenanlagen und weißen Segelschiffen, »die wie Schwäne durch die Fluthen ziehen«, wie Sisis Cousin und Schwager Maximilian 1850 in sein Tagebuch schreibt. »Die Aussicht von Opicina«, heißt es weiter, »ist wohl eine der schönsten der Welt.«

Für Sisi ist es ein unvergessliches, prägendes Erlebnis, das in ihr eine Sehnsucht nach der unendlichen Weite des Meeres wachruft, die sie nie mehr loslassen wird.

Adresse IT-34151 Villa Opicina, an der Kreuzung Strada Napoleonica / E 61 | Öffnungszeiten frei zugänglich | Tipp Hier endet die legendäre, hoffentlich nur vorübergehend eingestellte Tram di Opicina. Beim Obelisken beginnt die uralte Strada Napoleonica, die man mit Blick aufs Meer beschaulich entlangwandern kann.

28 Der Palazzo Reale

Sisis Zimmer: Le stanze di Sissi

Am 26. Oktober 1861 trifft Sisi (23) an Bord der Dampferfregatte *Lucia* in Venedig ein, direkt aus Korfu, wo sie ein schweres Leiden auskuriert hat. Am 23. Juni hat Franz sie persönlich ins Schloss Miramare gebracht, sein Bruder Maximilian begleitete sie weiter nach Korfu. Nun, drei Monate später, geht es ihr zwar besser, doch zurück nach Wien will sie auf keinen Fall. Man einigt sich auf Venedig, immerhin Teil der Monarchie. Der venezianische Adel empfängt sie kühl, doch Sisi möchte ohnehin ihre Ruhe haben und endlich ihre Kinder wiedersehen. Am 3. November schließt sie Rudolf (3) und Gisela (5) in die Arme. Ihr Glück wird allerdings durch die mitreisende Oberhofmeisterin Sophie Esterházy getrübt, die Sisi noch immer bevormundet und bespitzelt. Bald jedoch wird Sisi sich durchsetzen und sie durch Gräfin Königsegg ersetzen. Endlich.

Die Kaiserin und ihre Kinder logieren direkt am Markusplatz, im Palazzo Reale. Ihre Zimmer befinden sich im Napoleonischen Flügel – geplant und gebaut zwischen1806 und 1814. Da war Venedig Teil des Königreichs Italien, über das Napoleon herrschte. Seit dem Wiener Kongress 1815 gehört Venedig nun zu Österreich. Das Kaiserappartement ist im Empire-Stil gestaltet, Sisis Boudoir mit ihren geliebten Maiglöckchen dekoriert. Von den kleinen Balkonen genießt sie die herrliche Aussicht über die Lagune, zum Bacino di San Marco und auf die Gardinetti Reali, wo sie gern spazieren geht und liest.

Sisi fühlt sich wohl und erkundet in den nächsten sieben Monaten alles, was Venedig zu bieten hat, vom Markusdom bis zum Lido. Franz besucht sie zwölf Mal, und in dieser magischen Stadt weit weg vom ungeliebten Wiener Hof verlieben die beiden sich neu.

Im Mai besucht Ludovika ihre Tochter und bringt sie zurück nach Österreich, doch noch immer nicht nach Wien. In die Hofburg kehrt Sisi erst am 14. August zurück. Man heißt sie enthusiastisch willkommen.

Adresse IT-30124 Venezia, Piazza San Marco 52 | **Anfahrt und Öffnungszeiten** wwww.correr.visitmuve.it | **Tipp** Im Museo Correr kann man die ehemaligen Kaiserzimmer erkunden und die Sammlungen zur Geschichte Venedigs entdecken. Vom Café im ersten Stock hat man die beste Aussicht auf den Markusplatz.

29 Das Teatro La Fenice

Phönix aus der Asche

Monatelang hat man sich in Venedig auf den hohen Besuch vorbereitet, am 25. November 1856 ist es so weit. Morgens ist die Dampferfregatte *Elisabeth* in Triest in See gestochen, um zwei Uhr nachmittags erreicht sie den Porto di Malamocco, wo Franz Joseph (26) und Sisi (19) mit der Kaiserhymne empfangen werden. Francesco Beltrame von »La Gazzetta Ufficiale di Venezia« ist vor Ort, um in einer prächtig gestalteten Sonderausgabe über den Aufenthalt der Hoheiten bis zum 5. Jänner zu berichten.

Geschmückte Barken und Gondeln fahren dicht an dicht, bilden eine schwimmende Stadt, eskortieren das Kaiserpaar, das in eine elegante Barke umgestiegen ist, zur Piazzetta. Brücken und Plätze sind herausgeputzt, Fahnen wehen von den Dächern. Viele Menschen sind zur Begrüßung gekommen, weniger aus politischer Neigung – die Gefühle gegenüber der österreichischen Herrschaft sind gemischt – als aus Neugier, denn Sisi eilt der Ruf ihrer Schönheit voraus.

Nach einem Besuch im Markusdom beziehen Sisi und Franz Joseph die Gemächer im Palazzo Reale auf der Piazza San Marco. In der Dämmerung werden auf der Piazza in 14 Kronleuchtern Hunderte Gasflammen entzündet. Am späteren Abend soll zu Ehren des Kaiserpaares im Teatro La Fenice die Oper *Gemma di Vergy* von Gaetano Donizetti aufgeführt werden, dazu das Ballett La Rosiera von Giovanni Casati. Gegen halb zehn erscheinen Sisi und Franz Joseph in der prunkvollen Kaiserloge und werden, so berichtet der Chronist, von den anwesenden Besuchern mit stürmischem Applaus begrüßt. Die Kaiserhymne verklingt, der Vorhang öffnet sich. Sisi verfolgt gebannt die tragische Geschichte der Gräfin Gemma.

Wenige Tage später erteilt Franz Joseph weitreichende Amnestien und versetzt den hierorts so verhassten Generalgouverneur Radetzky (90) endlich in den Ruhestand. Die politische Lage entspannt sich etwas. Sisi, die von der Stadt fasziniert ist, will so bald wie möglich wiederkommen.

Adresse IT-30124 Venezia, Campo San Fantin 1965 | Öffnungszeiten www.teatrolafenice.it | Tipp Im Jahr 1996 brannte das Teatro durch Verschulden einer Elektrofirma, die wegen einer drohenden Pönale eine Verzögerung hatte bewirken wollen, bis auf die Grundmauern nieder. 2003 wurde es, originalgetreu rekonstruiert, wiedereröffnet.

30_Das Achilleion

Sisis Vermächtnis

Eigentlich möchte Sisi nur die bescheidene Villa Braila des Dichters und Diplomaten Petros Vrailas Armenis umbauen lassen. Ihr Reisemarschall Alexander Freiherr von Warsberg schwärmt in seinen 1878 erschienenen »Odysseischen Landschaften« davon, im Dorf Gastouri hoch über dem Meer gelegen, in einem wilden Zaubergarten. Im Herbst 1888 mietet Sisi die Villa und möchte am liebsten nie wieder weg. Sie kauft das Anwesen, doch statt des geplanten Umbaus entsteht etwas ganz Neues und atemberaubend Schönes: das Achilleion. Ein Gesamtkunstwerk, das man als ihr Vermächtnis betrachten kann. Es spiegelt sie selbst, ihren Gestaltungswillen und Kunstsinn, ihre Liebe zur Natur, ihr Streben nach Schönheit und Harmonie.

Auf Warsbergs Empfehlung betraut sie den Architekten Raffaele Carito aus Neapel mit der Planung einer viel größeren Villa. Carito soll den Stil des antiken Pompeji zeitgemäß interpretieren. Mit seinen luftigen Säulen und Terrassen auf mehreren Ebenen fügt sich das wohlproportionierte Gebäude in die Landschaft ein, in ortstypischem Weiß und Gelb. Ins Innere fließt Licht von überallher, durch ein Glasdach auch von oben. Farblich dominieren pompejanisches Rot, Blau und Grün, dazu Weiß und Gold. Sisis Leidenschaft für die griechische Mythologie ist allgegenwärtig, in Wandgemälden und Skulpturen. Über das prächtige Stiegenhaus gelangt man zu einer Flügeltür, die ins Freie führt, in eine Säulenhalle; am Ende schimmert in der Ferne das Meer. An den Säulen flankieren die neun Musen den nach ihnen benannten Garten, der terrassenartig zum Meer abfällt. Hier platziert sie ihren persönlichen Helden: den sterbenden Achill.

Am 21. September 1891 wird das Achilleion eingeweiht. Mitten in die Bauzeit aber fällt Sisis schmerzvollster Tag. Rudolf, der als Einziger ihre politisch liberale Vision teilt, nimmt sich am 30. Jänner 1890 das Leben. Ihm, dem weitgereisten Freigeist, hat sie das Achilleion wohl insgeheim zugedacht.

Adresse GR-49084 Achilleio | **Anfahrt und Öffnungszeiten** Gebäude wegen umfassender Renovierungsarbeiten ab Oktober 2022 zeitweise geschlossen, Garten für Besucher weiterhin zugänglich, Infos unter www.achillion-corfu.gr | **Tipp** Ins nahe Bergdorf der »Zehn Heiligen« Agii Deka ist Sisi oft gewandert.

31 Die Agia-Kyriaki-Kapelle

Heimatliche Gefühle

Viele Male wandert Sisi auf den 288 Meter hohen Berg, den sie von der Terrasse des Achilleion aus sehen kann, wenn sie nach Süden blickt. Der schmale Weg führt durch dichtes Buschwerk. Oben steht eine Kapelle, die der Agia Kyriaki geweiht ist, der heiligen Kyriaki. Das Fest der Märtyrerin, deren Name »Sonntag« bedeutet, wird am 7. Juli gefeiert.

»Hier allein gefällt es mir ganz. Hier könnte ich sogar mein Prinzip verleugnen und ewig bleiben«, sagt Sisi im April 1892 zu Constantin Christomanos und blickt auf das Meer, das Achilleion, die alte Festung von Kerkyra, die Insel Pontikonisi. Sie ist 56 Jahre alt, Erinnerungen an ihre Kindheit erwachen. »Das Meer ist heute wie ein See. So heimisch fühle ich mich hier, dass ich an den Starnberger See und an Possenhofen denken muss.«

Auf diesen Berg kommt sie, um allein zu sein und in der winzigen uralten Kirche zu beten. Rechts neben dem Eingang ist eine Tafel eingemauert, die daran erinnert, dass Sisi an diesem Ort ihren inneren Frieden wiederfinden wollte. Doch die »schmerzensreiche Elisabeth«, wie es auf der Tafel steht, findet auch hier keinen Trost: Der Schmerz über den Tod ihres Sohnes bleibt allgegenwärtig. In Wien ist Rudolf seines Selbstmords wegen tabu, ein Denkmal kommt nicht in Frage. Sisi aber möchte einen Erinnerungsort schaffen, für ihn, für sich, für sie beide. Lange sucht sie nach einem Bildhauer und findet ihn in Antonio Chiattone. Eine seiner weiblichen Skulpturen, die den Schmerz personifiziert, erschüttert sie so sehr, dass sie die Figur kauft und Chiattone beauftragt, ein Denkmal für Rudolf zu schaffen.

Von der Agia Kyriaki blickt Sisi in den Park des Achilleion. Hier wird der Künstler am 22. April 1894 das Denkmal enthüllen, vor ihren Augen: »Zehn lange Minuten blieb sie, unbeweglich wie eine Statue, im Anschauen versunken, vor dem Denkmal stehen. Und ich sah diese Augen langsam sich mit Tränen füllen.«

Adresse GR-49084 Achilleio | Anfahrt vom Achilleion zu Fuß in einer halben Stunde erreichbar, auf der Straße Richtung Gastouri bei der Taverna Elia links abbiegen und den Wegweisern folgen | Öffnungszeiten von außen jederzeit, Gottesdienst am 7. Juli | Tipp Auf dem Weg zur Kapelle kommt man an den Ruinen einer uralten Ölmühle vorbei.

32 Die Delphin-Mole

Das Wappentier des Achilleion

Am 21. September 1891 legt Sisi mit der *Miramar* erstmals am soeben fertiggestellten Molo an, wo zwei weiße Marmor-Delphine sie empfangen. Der Delphin ist das heilige Tier der Nymphe Thetis, Mutter des Achill, und ein Attribut von Aphrodite, der dem Meer entstiegenen Göttin der Liebe. Als Begleiter der Seeleute versinnbildlicht er Hoffnung und Trost in stürmischen Zeiten. Auf dem Meer wie im Leben. Sisi nennt ihn ihren lachenden Philosophen und wählt ihn als Wappentier für ihr Märchenreich.

Delphinen begegnet man auf Schritt und Tritt. Sie finden sich als Henkel von Teekannen, als Türklinken, auf Uhren und Möbeln, in das silberne Reisebesteck aus Berndorf geritzt, in Sisis Morgenmantel gestickt und natürlich in ihr Siegel gekerbt, samt einem großen »E«. In jedes Stück des kunstvollen Glasservices ist er eingraviert, hergestellt von der Wiener Fabrik Schreiber & Neffen. Ja fast die gesamte Ausstattung des Achilleion stammt aus Wien oder aus anderen Teilen der Monarchie. Das berühmte Porzellanservice etwa wurde in »Fischern bei Carlsbad« von Josef Knoll entworfen. Jedes Stück ziert ein grauer Delphin mit himmelwärts gerichteter Schwanzflosse samt einer über ihm schwebenden Krone.

Gegenüber der Delphin-Mole, die Sisi an diesem schönen Herbstmorgen betritt, steht das moderne Maschinenhaus zur Erzeugung von Strom für die Beleuchtung der Villa und für die Süßwasser- und Eisgewinnung. Durch das Tor nebenan steigt die Kaiserin zum Achilleion hinauf, über mehr als 1.000 Stufen in dem neu angelegten tropischen Park. Sie ist ein wenig enttäuscht, dass die Palmen noch nicht höher gewachsen sind!

Wie traurig wäre sie gewesen, hätte sie den verwilderten Park erlebt, und die Reste der Brücke, die der nächste Besitzer, Kaiser Wilhelm II., von der Mole zum Eingang bauen ließ. Doch es besteht Hoffnung, dass auch dieser Teil ihres Märchenreichs bald wieder in altem Glanz erstrahlt.

Adresse GR-49084 Benitses, an der Straße zwischen Korfu-Stadt und Benitses gelegen, unterhalb des Achilleion | **Öffnungszeiten** immer zugänglich | **Tipp** Sisi hat alle interessanten Plätze in Korfu-Stadt alias Kerkyra besucht, die wunderschöne Altstadt, die heute UNESCO-Weltkulturerbe ist, und die alte venezianische Festung, ein Wahrzeichen von Korfu.

33 Der Elisabeth-Brunnen

Ein Herz für die Dorfbewohnerinnen

Auf einem Platz in Gastouri, neben zwei riesigen, mehrere hundert Jahre alten Platanen, steht ein weißer Kuppelbau. Er ist mit einem Delphin geschmückt, der ein Spruchband hält: »Die Quelle der Kaiserin Elisabeth«.

Ursprünglich war es tatsächlich eine ungefasste Quelle, aus der die Frauen in der Umgebung ihr Wasser schöpften. Sisi kommt oft hier vorbei, auf ihren Spaziergängen, erst von der Villa Braila, dann vom Achilleion, das an ihrer Stelle steht. Sie beobachtet die Frauen und Mädchen, die mit ihren Krügen umhergehen, stehen oder sitzen, plaudernd, scherzend und lachend; sie kommt ganz leicht ins Gespräch mit ihnen, zeigt keinerlei Scheu und hat zudem die schöne Gabe, einfachen Menschen ihre Befangenheit zu nehmen. Diese Leutseligkeit hat sie sich aus ihrer Kindheit in Possenhofen bewahrt, als Standesunterschiede noch keine Rolle spielten. Das kleine Bergdorf Gastouri verdankt ihr zudem bescheidenen Wohlstand. Kein Wunder, dass man die Königin, wie man sie auf Korfu nennt, achtet, ja liebt. Sisi fühlt sich willkommen, und das trägt wesentlich dazu bei, dass sie sich hier wohlfühlt und sich vollkommen entspannen kann. Aus Dankbarkeit, um den Frauen die Arbeit zu erleichtern und um die kostbare Quelle zu schützen, lässt sie diese, während das Achilleion gebaut wird, als Brunnen fassen.

Zu Wasser hat sie eine ganz besondere Beziehung und schätzt seine Qualität über alle Maßen. Von jeder Quelle, die sie am Weg findet, muss sie trinken, und zwar, obwohl sie stets ihren Becher mit sich führt, aus der hohlen Hand, denn das erscheint ihr am natürlichsten. Elementar. So kann sie am besten die feinen Unterschiede schmecken.

Von den Mönchen des Klosters Paleokastritsa, das sie oft besucht, lässt sie sich einmal zu einer Quelle im Wald führen, von der man ihr im Kloster Wasser zu trinken gegeben hat, köstlich kalt. »Es ist immer«, meint sie, »ein anderer Geschmack.«

Adresse GR-49084 Achilleio | Anfahrt vom Achilleion zu Fuß in einer halben Stunde erreichbar, Richtung Gastouri links nach Plátanos abbiegen und der Straße folgen | Öffnungszeiten frei zugänglich | Tipp Das Dorf Benitses, heute ein nur mäßig touristischer Badeort, hat Vintage-Charme, einen schönen Strand und nette Tavernen.

34 Der Heine-Tempel

Hommage an einen Dichter

Im September 1891 wird das Achilleion eingeweiht. Die Festgäste schreiten von der Delphin-Mole in Serpentinen über schneeweiße Marmorstufen empor, zwischen Oleandern, Pinien, Palmen und Zypressen. Auf halber Höhe öffnet sich ein kunstvoll geschmiedetes Tor zu Sisis Märchenreich.

Da, über der Brunnen-Terrasse, sitzt schreibend Heinrich Heine, der Dichter: »Was will die einsame Thräne? / Sie trübt mir ja den Blick, / Sie blieb aus alten Zeiten, / In meinem Auge zurück.« Sisi hat ihm Asyl gewährt. Als Einzige! Der dänische Bildhauer Louis Hasselriis hat das marmorne Bildnis für Düsseldorf geschaffen, Heines Heimatstadt. Doch das Aufstellen wurde höherenorts: verboten. Auch nirgendwo sonst in Deutschland durfte Heine hin, weil er Jude war, satirisch, kritisch, liberal. Sisi hat ihn freigekauft, gegen alle Widerstände, und ihn in ihren Park gesetzt, mit Blick auf das Meer. Hier, so sagt sie einmal, würde sie am liebsten begraben werden.

Sisi besucht Heine oft, am liebsten nachts, bei Mondenschein. Sie bewundert seinen scharfen Geist, seine mutige politische Haltung. Schon als Kind hat sie seine Gedichte geliebt, ihr Vater, der Hobbyschauspieler, pflegte sie zu rezitieren. Seit 1867 die Heine-Gesamtausgabe erschienen ist, begleitet diese sie überallhin. Im Herbst 1884 ermutigt ihre Freundin, die rumänische Königin Elisabeth, die als Carmen Sylva Bücher verfasst, sie zum Dichten. Im Jänner 1885 flüchtet sie mit Heine und Homer im Gepäck nach Miramare und fasst, von den zwei großen Dichtern und vom Meer inspiriert, einen Entschluss: Nach 31 Jahren will sie wieder Gedichte schreiben. »Oh, hätt' ich so viel Lieder / Als Wellen du, mein Meer, / Ich schriebe sie dir nieder / Und brächte sie dir her.«

Nach Sisis Tod kauft Kaiser Wilhelm II. das Achilleion. Nicht als Refugium, sondern als Repräsentationsobjekt. Er schickt Heine in die Verbannung, der Park verwildert, der Tempel verfällt.

Adresse GR-49084 Achilleio | **Öffnungszeiten** www.achillion-corfu.gr | **Tipp** Der nicht mehr begehbare, verfallene Stiegenaufgang vom Meer mit dem Heine-Tempel ist Teil einer umfassenden Renovierung, die eine zeitweilige Schließung des Achilleion erfordert.

35 Paleokastritsa

Das Meer, das Kloster und die Burg der Engel

Am 6. März 1892 kommt Sisi in Miramare an, mit ihrem griechischen Vorleser Constantin Christomanos, der seine Gespräche mit der Kaiserin in einem Tagebuch aufzeichnet. Im Park des seit Maximilians Tod verwaisten Schlosses erwachen traurige Gedanken: »Das Unglück ist stärker als das Leben und der Wahnsinn wahrer.« Am 15. März nimmt die *Miramar* Kurs auf Korfu. Sisi hält sich fast nur auf dem Verdeck auf, bei Regen und Sturm in einem runden Pavillon aus Glas. Immer muss sie das Meer sehen, nichts liebt sie mehr als das Leben auf See. »Auf dem Meer wird mein Atem weiter.« An der Delphin-Mole unter dem Achilleion geht die *Miramar* vor Anker.

Anderntags wandern Sisi und Christomanos an die Westküste, stundenlang, quer über die Insel, durch wilde Olivenhaine. Sie steigen zum Kloster Paleokastritsa hinauf, das über einer lichtgrün schimmernden Bucht thront. In dem mit Bougainvillea überdachten, von baufälligen Gebäuden aus dem 16. Jahrhundert umgebenen Hof steht ein Mönch. Sie folgen ihm in die uralte Kirche. Es riecht nach Honigwachs, altem Holz, Moder. Der Ikonostas, einst golden, ist schwarz vom Rauch der Kerzen. Sisi zündet zwei an, wie sie es immer tut, eine davon für Rudolf. Draußen weht plötzlich ein Windhauch vom Berg herüber, wo die Ruine der Burg Angelokastro steht, erfüllt den Hof mit dem Duft von Salbei und Thymian. Der Prior des Klosters, eine schwarze Filzmütze auf dem Kopf, serviert Quitten und köstliches Quellwasser, philosophiert mit ihr über das Leben.

Sisis Blick schweift über das Meer, viel blauer noch als der Himmel: Der seltsam geformte Felsen soll das versteinerte Schiff des Odysseus sein. Auf dem Rückweg begegnen sie einer Mutter, die, in einem Kreis von Frauen, herzzerreißend ihren toten Sohn beklagt. »Für sie gibt es nur mehr das, sie hat keinen Platz mehr für etwas anderes in sich«, sagt Sisi und schweigt, bis sie das Achilleion erreicht haben. Wer könnte die trauernde Mutter besser verstehen als sie?

Adresse GR-49083 Paleokastritsa | **Öffnungszeiten** 7–13 und 15–20 Uhr | **Tipp** Der Ausblick von der nahe gelegenen Burgruine Angelokastro ist spektakulär. Im malerischen Dorf Lakones, das Sisi besucht hat und wo die Häuser »wie Vogelnester von den Felsen hängen«, kann man im charmanten Café Dolce mit Meerblick Kaffee trinken.

36_Palies Sinies

Das verlassene Dorf

Vom höchsten Berg Korfus, dem Pantokrator, sieht man weit unten die verfallenen Mauern eines verlassenen Dorfes: Palies Sinies. Vom Meer aus nicht einsehbar und schwer zugänglich, haben Inselbewohner sich im Mittelalter hier angesiedelt, zum Schutz vor plündernden Piraten. In den 1960er Jahren, als der Tourismus Korfu erreichte, gaben die letzten Bewohner das beschwerliche Leben auf, um an der Küste in Nisaki ihr Glück zu suchen.

Nur wenige Jahrzehnte später hat die Natur sich zurückerobert, was die Menschen ihr mühsam abgerungen hatten. Ein paar Gebäude sind noch überdacht, die Kirche mit dem frei stehenden Glockenturm hat man sogar wieder instand gesetzt, an den Wänden einer Kapelle sind bunte Fresken zu sehen. Die Steinmauern, in den Hügeln verstreut, zum Teil noch durch schmale Wege verbunden, lassen die ursprüngliche Struktur des Dorfes erkennen. Sonst nur Bäume, Gestrüpp und kniehohes Gras. Kein Wasser, kein Strom, kein Getränkekiosk. Ein einzigartig friedlicher Ort voller Magie. Vollkommen verlassen, unheimlich still.

Ein Gemälde aus dem Jahr 1861 zeichnet ein anderes Bild: Einheimische in bunten Gewändern führen ein Reiterspiel vor, ein Caroussel, zu Ehren der Kaiserin von Österreich und ihres Gefolges. So lautet die Beschreibung.

Sisi wohnt seit Ende Juni 1861 in der Villa Mon Repos des britischen Oberkommissärs Sir Henry Knight Storks. Von ihrem Appartement aus sieht sie ihr geliebtes Meer. Sie lebt zurückgezogen, aber die Inselbewohner, die sie ins Herz geschlossen haben, wollen dem hohen Gast etwas bieten: Feuerwerke, Musik, Theater – und diesen besonderen Ausflug ins Landesinnere. Wie die Gesellschaft den abgeschiedenen Ort wohl erreicht hat? Darüber ist nichts bekannt. Überhaupt weiß man nur wenig von Sisis erstem Aufenthalt auf Korfu. Und doch ist damals ihr Interesse an der griechischen Kultur und Sprache erwacht, ihre Liebe zu der zauberhaften Insel.

Adresse GR-49081 Kassiopi | Anfahrt zu Fuß in eineinhalb Stunden von Nisaki oder in zwei Stunden über einen Weg unterhalb vom Pantokrator erreichbar | Öffnungszeiten immer zugänglich | Tipp Auf der Straße zum Pantokrator zweigt man rechts in das Geisterdorf Paléo Períthia ab, das sich allerdings zu einem Touristenmagneten entwickelt.

37 Der Pantokrator

Jeden Berg, den sie sieht, möchte sie besteigen!

Korfu, November 1888. Frühmorgens um fünf fährt Sisi (50) mit ihrem Physiotherapeuten Dr. Arvid Kellgren (32) und dem Tiroler Leibjäger Hacksteiner von der Villa Braila nach Kerkyra hinunter. Nun gesellen sich Gräfin Festetics und Generalkonsul Graf Khevenhüller dazu. Es geht weiter bis zum Dorf Ypso, wo der Aufstieg zum Monte San Salvatore alias Pantokrator beginnt, dem »alles beherrschenden« höchsten Berg der Insel.

Sisi, in einem einfachen dunklen Kleid, trägt in einer Hand Juchtenlederschirm und Fächer, in der anderen ihren Bergstock. Zwei Stunden dauert der Weg zum Bergdorf Spartilas, durch Feigen-, Oliven- und Zypressenhaine. Nach kurzer Rast und dem Besuch der Kirche kommt der anstrengendste Teil der Besteigung, zwischen steilen, wild zerklüfteten Felswänden und Schluchten, über schlüpfriges Geröll. Gegen Mittag erreicht die kleine Karawane endlich den Gipfel, bei strahlendem Sonnenschein.

Der Blick über die »Insel der Seligen«, wie die Phäaken in Homers Odyssee Korfu nannten, ist überwältigend. Sisi kann sich nicht sattsehen am bunten Gewimmel von Riffen, Inseln und Schiffen. In der Ferne kann sie die dunkle Silhouette Albaniens ausnehmen, mit den Gipfeln des Pindos-Gebirges, schneebedeckt. Hacksteiner hat vor dem verfallenden Monastero Moní Ypsiloú Pantokrátoros ein einfaches Mahl aus mitgeführten Speisen gezaubert. Es schmeckt wunderbar. Dann führt der Graf ein Experiment durch, das er mit dem Kommandanten der *Miramar* ausgeheckt hat: Mit Hilfe eines Taschenspiegels schickt er zur Yacht, die in der Zitadelle vor Anker liegt, Lichtsignale. Erfolgreich! Die kleine Gesellschaft empfängt die Antwort von dem zehn Seemeilen entfernten Schiff blitzartig.

Es ist Nachmittag geworden. Der Abstieg erweist sich als noch beschwerlicher und gefährlicher als der Aufstieg. Doch alle erreichen um sieben Uhr unfallfrei und hochbefriedigt Ypso, wo schon der Wagen auf sie wartet.

Adresse GR-49081 Kassiopi | Anfahrt in Pirgi nach Spartilas abbiegen, von Patalia rechts zum Pantokrator | Öffnungszeiten Kloster 10–19 Uhr | Tipp Auf dem Weg zum Pantokrator kann man sich in der *Oasis Taverna* in Strinilas an heißen Tagen im Schatten uralter Bäume erholen.

38 Pontikonisi

Die Mausinsel

»Elisabeth von Österreich. Hier wehten laueste Winde, die sich zu ihr niederließen, und die Klippe, die ihr Blumen schenkte, wahret die Erinnerung.« So steht es in der Sprache der einst venezianischen Kolonie auf einer verwitterten Marmortafel an der Kirche von Pontikonisi.

Ende Juni 1861 trifft Sisi auf Korfu ein. Nach einem monatelangen Kuraufenthalt auf Madeira, wo sie sich nicht nur von einer chronischen Atemwegserkrankung erholen sollte, sondern vor allem vom enervierenden Alltag am Wiener Hof und der damit einhergehenden Ehekrise, holte Franz sie im Mai nach Wien zurück. Doch wenige Wochen später hustete sie wieder, war schwach und aß nichts. Diesmal wollte sie unbedingt auf die nördlichste Insel im Ionischen Meer, in die sie sich auf der Rückfahrt von Madeira Hals über Kopf verliebt hatte. Immerhin sitzt ihr bayerischer Cousin Otto auf dem griechischen Thron!

Auf dem Inselchen Pontikonisi, seiner Form wegen Mausinsel genannt, hält sich Sisi (23) in ihrem ersten Sommer auf Korfu am liebsten auf. Vom Kloster Vlacherna bringt sie ein Fährmann in seinem Boot hinüber. Hier herrscht heilige Ruhe. Auf einer künstlich errichteten Anhöhe steht eine weiß getünchte byzantinische Kapelle mit rotem Ziegeldach zwischen duftenden Pinien und hoch aufragenden Zypressen. Ihre Ursprünge reichen bis ins 12. Jahrhundert zurück. Nur Padre Simon lebt hier, in seiner Einsiedelei. Mit ihm schweigt Sisi gern, Griechisch wird sie erst später lernen.

Der britische Gouverneur Sir Henry Knight Storks hat der Kaiserin ein Appartement mit Blick über das Meer in der Villa Mon Repos überlassen, oben auf der Halbinsel Kanoni, nur einen Katzensprung von der Mausinsel entfernt. »Am liebsten sitze ich am Strand, auf den großen Steinen, die Hunde legen sich ins Wasser und ich schaue mir den schönen Mondschein im Meer an.« Ob sie mitunter tatsächlich zur Insel hinübergeschwommen ist, wie man sich erzählt?

Adresse GR-49100 Kerkyra, Bucht von Chalikipoulou | **ÖPNV** Bus 2a bis Haltestelle Kanoni | **Öffnungszeiten** Bootsverkehr nach Bedarf vom Vlacherna-Kloster nach Pontikonisi | **Tipp** Mon Repos, wo 1921 Prinz Philip, der Ehemann von Queen Elizabeth, geboren wurde, ist heute ein Museum (8.30–15.30 Uhr). Es liegt in einem öffentlich zugänglichen Park auf dem Hügel der Halbinsel Kanoni (Dairpfela 16).

39 Die Villa Capodistrias

Ein Besuch bei Griechenlands erstem Präsidenten

Am Ende ihres Aufenthalts auf Korfu im April 1892 macht Sisi sich mit Constantin Christomanos vom Achilleion auf den Weg zum Landsitz der Familie Capodistrias. Sie wandern durch duftende Orangenhaine, zu ihrer Rechten das tiefblaue Meer. Stunden später erreichen sie das ziegelrot getünchte Landhaus aus dem 18. Jahrhundert, im venezianischen Stil erbaut, leicht verwittert, von einem Garten umgeben, wild und verwunschen. Eine Magnolie im blasslila Blütenkleid beschattet den Hof, Zypressen stehen wie Wächter vor den Fenstern, mit grünen Läden verschlossen, in der Ferne glitzert das Meer. Es erinnert an die Villa Braila, die Sisi einst so verzauberte und der sie ein wenig nachtrauert, nun, da sie an deren Stelle ihr kleines Schloss hat errichten lassen.

Sisi will den Ort sehen, an dem am 10. Februar 1776 Ioannis Capodistrias geboren wurde und wo er seine Kindheit verbrachte. Sie bewundert ihn sehr. Er war einer der wichtigsten und einflussreichsten Politiker seiner Zeit, hochgebildet, mit großem diplomatischem Talent. Im Russischen Reich diente er Zar Alexander I. als Außenminister, später trug er wesentlich zur Gründung der Schweiz in ihrer modernen Form bei. Vor allem aber legte er den Grundstein zu einem modernen, freien und vereinigten Griechenland. 1827 wählte die griechische Nationalversammlung ihn zum ersten Präsidenten. Am 9. Oktober 1831 wurde er in Nafplion auf dem Weg zur Kirche hinterrücks ermordet.

Das Landhaus wird nur von einem Verwalter und seiner Tochter bewohnt; die beiden empfangen die Besucher herzlich und unbekümmert. Da erwähnt Sisi ihr Achilleion. »Sie sind die Königin!«, ruft das junge Mädchen aus und schneidet vollreife Orangen von einem Baum, der gleichzeitig blüht. »Ich habe noch nie so süße Orangen gegessen, wie Honig sind sie.« Sie habe, meint Sisi auf dem Heimweg, durch den Besuch des Hauses von Ioannis Capodistrias ein Stück Wahrheit erlebt.

Adresse GR-49100 Kerkyra, Evropouloi | **Anfahrt und Öffnungszeiten** www.capodistriasmuseum.gr | **Tipp** Die bezaubernde Villa samt originaler Einrichtung und herrlichem Garten, seit 1981 Museum mit kleinem Garten-Café, dokumentiert die Geschichte der Familie Capodistrias und die Entstehung Griechenlands.

40 Die Villa Minach

»Mein letzter einziger Freund«

»Graf Andrássy ist heute Nacht gestorben, nach langem schwerem Leiden.« Schreibt Sisis Tochter Marie Valerie am 18. Februar 1890 in ihr Tagebuch. Im vergangenen Herbst hat er (66) sich in die 1865 erbaute Villa Minach im kleinen Fischerdorf Voloska zurückgezogen. Lange schon leidet er an Blasenkrebs und hofft, das milde Klima, Ruhe und Meeresluft könnten heilsam sein, würden wenigstens die unerträglichen Schmerzen lindern. Seine Frau Katinka (59) ist an seiner Seite, pflegt ihn liebevoll; auch die Kinder sind bei ihm, Tivadar, Ilona und Gyula.

Seit er 1879 die politische Bühne auf eigenen Wunsch verlassen hat, kommt er gern an schöne, friedliche Orte wie diesen. Von seinem Zimmer im zweiten Stock hat er einen herrlichen Blick auf das Meer. Bis zuletzt hofft er auf Heilung, doch selbst Theodor Billroth, der im mondänen Abbazia weilt, kann nichts mehr für ihn tun. Sisi sieht er nie wieder. »Ein neuer bitterer Schlag für Mama, die mit wahrer und unerschütterlicher Freundschaft an ihm hing wie vielleicht an keinem anderen Menschen. ›Mein letzter einziger Freund‹, sagte sie heute.«

Sisi fährt am 20. Februar mit Franz Joseph nach Budapest zur offiziellen Einsegnung. Sie sucht Katinka auf, und die beiden versichern sich ihrer immerwährenden Freundschaft. Im Vestibül der Akademie der Wissenschaften, wo man den Sarg aufgestellt hat, sagt sie Gyula still Lebewohl. Am nächsten Tag wird er auf seinem Landsitz Tőketerebes im kleinsten Kreis bestattet.

In den letzten Jahren gab es nur mehr selten persönliche Treffen, doch die einzigartige Verbundenheit blieb. Es freue ihn, schreibt er an Baron Nopcsa – über sie zwar, doch für sie bestimmt –, dass sie auch aus so weiter Ferne an ihn denke. Als einer der wenigen glücklichen Menschen habe er die Gelegenheit gehabt, eine Frau kennen und bewundern zu lernen, »von der so viele Millionen Untertanen keinen rechten Begriff haben, wer sie ist«.

Adresse HR-51410 Opatija-Volosko, Črnikovica 6 | **Öffnungszeiten** Andrássy-Gedenktafel frei zugänglich | **Tipp** Ein luxuriöses Appartement im Untergeschoss mit Garten und Meerzugang kann man mieten (Infos unter Tel. +385/995350200). Von Volosko spaziert man mit Blick aufs Meer die Franz-Joseph-Promenade entlang bis Opatija, vorbei an den feudalen Villen des 19. Jahrhunderts.

41 Die Jardins d'Alfàbia

Alles sprüht, plätschert, fließt

Im Februar 1893 unternimmt Erzherzog Ludwig Salvator alias Luigi mit seiner Cousine Sisi einen Ausflug in die Gegend von Sóller. Im Hafen des pittoresken Städtchens geht die *Nixe* vor Anker. Die Straßenbahn, der berühmte Ferrocarril de Sóller, wird erst 20 Jahre später in Betrieb gehen – das angesagte Verkehrsmittel ist also immer noch: der Esel. Auf dem Rücken der geduldigen Maultiere reiten Sisi und Luigi durch üppige Orangen- und Zitronenhaine und erreichen schließlich den 497 Meter hohen Bergpass Coll de Sóller. Der Blick zurück ist einzigartig. In Serpentinen schlingt sich die Bergstraße durch die herrliche, mit silbrig grünen Olivenbäumen auf rötlicher Erde rhythmisch getupfte Landschaft.

Weiter geht's zum eigentlichen Ziel, den Jardins d'Alfàbia. Das herrschaftliche Anwesen wurde im 15. Jahrhundert errichtet. Die Mauren, damals Beherrscher der Insel, verewigten sich nicht nur architektonisch, sie hinterließen auch ihre unnachahmliche Kunst der Bewässerung. Niemand sonst konnte Wasser so effizient einsetzen – und so effektvoll. Geschickt nutzten sie den hohen Grundwasserspiegel und die Quellen der Tramuntana und schufen vor der märchenhaften Bergkulisse ein kleines Paradies.

Aus allen Ecken sprudelt das kostbare Nass und lässt den Garten zu jeder Jahreszeit üppig grünen und blühen. Bougainvilleen und leuchtend rot blühender Hibiskus erheben sich über Buchsbaumhecken, und durch das Bambuswäldchen weht ein Hauch von Fernost. Fächer-, Dattel und Königspalmen beschatten Plätze, Teiche und verschlungene Wege. Ein Höhepunkt: der Laubengang mit schattenspendenden Klettertrompeten. Sisi geht auf den Brunnen am anderen Ende zu, nichts ahnend, und wird von allen Seiten mit Wasser bespritzt. Ein maurischer Gartenscherz.

Sisi erlebt Entspannung pur. Zurück im Hafen von Sóller hat Luigi noch eine Überraschung für sie parat: eine exklusive Vorführung mallorquinischer Volkstänze.

Adresse ES-07110 Bunyola, Carretera Palma – Sóller, km 17 | **Anfahrt** MA-11 Richtung Sóller, vor der Tunneleinfahrt rechts zum Parkplatz abbiegen | **Öffnungszeiten** www.jardinesdealfabia.com | **Tipp** Die Straßenbahn fährt zwischen Sóller und dem malerischen Port de Sóller durch Orangen- und Zitronenhaine. Am Coll de Sóller grasen Nachkommen der Esel, die einst Sisi getragen haben.

42 Die Coves d'Artà

Wunder der Natur

Anfang Februar 1893, bei Sisis zweitem Besuch auf Mallorca, bringt Luigi seine Cousine an einen Ort, der ihn besonders fasziniert: die Coves d'Artà. Frühmorgens brechen sie auf, folgen der steilen Serpentinenstraße von Son Marroig zum Meer, zum Sa Fordada, wo sie Luigis Segeldampfer besteigen. Im Uhrzeigersinn fährt die *Nixe* die Küste entlang, passiert Sóller, umschifft das Cap Formentor und die Halbinsel von Alcúdia und ankert vor dem Cap Vermell. Schon wird im Felsen die riesige Öffnung sichtbar, zu der die zwei Höhlenbesucher nun 35 Meter emporsteigen. Eine breite Treppe führt zum Eingang des weitverzweigten Höhlensystems. Seit 25 Jahren ist es für Touristen zugänglich, ihre Fackeln haben die Wände geschwärzt. Es ist nicht die größte, aber bestimmt die schönste, spektakulärste Tropfsteinhöhle im Mittelmeerraum. Seit der Römerzeit bekannt, später Zufluchtsort vor Piraten und von diesen als Versteck genützt, wurde sie erst Anfang des 19. Jahrhunderts systematisch erforscht.

Sisis Höhlenabenteuer beginnt. Mit Fackelträgern führt Luigi sie sicher von einem prächtigen Tropfsteinsaal zum anderen. Er, der die Coves in »Die Balearen« eingehend beschrieben hat, weiß viel zu erzählen. Jeder der gewaltigen Räume, mit Gängen, Treppen und Brücken erschlossen, hat einen Namen, der die Phantasie des Betrachters entfesselt. Im *Salón de la Reina de les Columnes* ragt ein 22 Meter hoher Stalagmit fast bis zur Decke. Im *Salón de l'Infern* heißt eine bizarre Steinformation *Napoleons Sarg*. Der *Salón de la Glòria,* in dem die Kathedrale von Palma Platz finden würde, scheint von Engeln bevölkert, die auf Wölkchen schweben. Die Wände des *Salón de les Banderes* bedecken Fahnen, und im *Salón de les Campanes* kann man Glockentöne erzeugen, wenn man behutsam gegen die Säulen schlägt.

Wieder am Eingang der Höhle angelangt, werden Luigi und Sisi von gleißendem Licht und einem atemberaubenden Blick auf das Meer empfangen.

Adresse ES-IB 07589 Canyamel, Carretera de las Cuevas | Anfahrt und Öffnungszeiten www.cuevasdearta.com | Tipp Den Wehrturm aus 1300, der seit dem 15. Jahrhundert Torre de Canyamel heißt, weil das subtropische Klima den Anbau von Zuckerrohr (Canyamel) ermöglichte, beschreibt Luigi in »Die Balearen« ebenso wie das nahe gelegene prähistorische Talaiot de S'Heretat.

43 Das Castell de Bellver

Es ist nicht erlaubt, an die Wände zu schreiben!

Auf ihrer Rückreise von Madeira nach Miramare mit der Yacht *Victoria & Albert* verbringt Sisi drei Tage in Mallorcas Hauptstadt Palma. Am letzten Tag steigt sie vom Hafen zum Castell de Bellver empor, das drei Kilometer westlich der Kathedrale *La Seu* auf einem Hügel 112 Meter über der Stadt thront.

Die Festung ist europaweit einzigartig: Sie ist kreisrund! Ihrem Namen Bellver macht sie alle Ehre, denn das katalanische Wort bedeutet »hübscher Ausblick«, und die Aussicht ist mehr als nur hübsch. Sisi geht ganz oben ganz rundherum, sieht in der Bucht von Palma die *Victoria & Albert* und weit über das Meer. Auf der anderen Seite öffnet sich ihr Blick ins Landesinnere, auf die Serra de Tramuntana, die fast 90 Kilometer lange Gebirgskette. 30 Jahre später wird sie dort mit Ludwig Salvator wandern, aber das ahnt sie heute noch nicht.

Mit dem Bau der Burg – einer der ältesten so gut erhaltenen Festungen in Europa – begann man 1300. Und so findet man im unteren der beiden Geschosse, wo die Bediensteten wohnten, runde Gewölbe. Der zweite Stock hat bereits gotische Kreuzrippengewölbe und Spitzbögen, was dem Innenhof, der an eine Arena erinnert, besondere Leichtigkeit verleiht. Oben residierten standesgemäß die Könige: Jaume II. und Jaume III.

Drei Türme sind in den massiven Kern integriert, ein mächtiger Graben trennt sie vom äußeren Wall, durch eine Zugbrücke gesichert. Ein vierter Verteidigungsturm, der Torre del Homenaje, steht frei. In seinem Boden führt eine Klappe in ein finsteres Verlies. Später war die ganze Burg Staatsgefängnis. Justizminister Gaspar Melchor de Jovellanos wurde hier von 1802 bis 1808 gefangen gehalten: Er hatte liberale Ideen, kämpfte für mehr Freiheit und Gerechtigkeit. Mit Sisi hätte er sich womöglich gut verstanden. Ob auch er seinen Namen in eine Mauer geritzt hat, wie Tausende andere freiwillige und unfreiwillige Besucher es seit Jahrhunderten tun?

Adresse ES-IB 07014 Palma, Carrer Camilo José Cela | Anfahrt und Öffnungszeiten www.castelldebellver.palma.cat | Tipp Die Llotja dels Mercaders, ein Meisterwerk gotischer Baukunst, hat Sisi dann doch nicht besucht. Zu viele Menschen. Einen Spaziergang durch die malerische Altstadt jedoch ließ sie sich nicht nehmen.

44__La Seu

Eine Messe für die Kaiserin

Am 28. April 1861 verlässt Sisi nach ihrem Erholungsaufenthalt die Insel Madeira. An Bord der britischen Yacht *Victoria & Albert* ist sie nun unterwegs nach Miramare, wo Franz Joseph sie am 18. Mai nach endlosen sechs Monaten der Trennung in die Arme schließen wird.

Die von Queen Victoria geborgte Yacht macht Stopps an Orten, die Sisi besuchen will, privat, wenn auch begleitet von ansässigen Adeligen. In Cádiz zeigt ihr das Grafenpaar Crivelli wunderschöne Plätze wie das Kapuzinerkloster, wo Sisi vor der Santa Catalina von Bartolomé Murillo minutenlang verharrt. Die expressiv-realistischen Werke des berühmten spanischen Barockmalers bewundert sie auch in Sevilla. Doch hier kommt sie um ein offizielles Festbankett im legendären Palacio de San Telmo nicht herum. Die Einladung der hochschwangeren Königin Isabella II. nach Madrid lehnt sie dankend ab, für die Alhambra in Granada bleibt keine Zeit, leider.

Die Yacht passiert Gibraltar und legt am 10. Mai in Palma an. Sisi atmet auf. Das offizielle Programm beschränkt sich auf den Besuch der Kathedrale, wo ihr zu Ehren eine Messe gelesen wird. Sonst darf sie die Stadt samt Umgebung drei Tage lang inkognito entdecken. *La Seu* heißt der herrliche gotische Bau, also: Bischofssitz. Den Grundstein der Kathedrale legte, auf dem Platz einer Moschee, im Jahr 1230 Jakob I., der soeben die Mauren besiegt hatte. Doch bis das Kirchenschiff vollendet war, sollten noch 357 Jahre vergehen.

Von außen erinnert *La Seu*, die keinen richtigen Turm hat, ein wenig an eine Schildkröte. Im Innenraum überwältigt Sisi die Wirkung des Lichts, das durch die 60 farbigen Glasfenster und die sechs Rosetten fällt. Allein das 1599 verglaste Rundfenster in der Apsis hat eine Fläche von fast 100 Quadratmetern. Einfach magisch.

Sisi kann ihren Blick kaum abwenden, während das einzigartige gotische Bauwerk sich mit den gewaltigen Klängen der barocken Orgel füllt.

Adresse ES-IB 07001 Palma, Plaça de la Seu | **Öffnungszeiten** www.catedraldemallorca.com | **Tipp** Sehr empfehlenswert ist eine Führung auf die Terrassen der Kathedrale, mit Rundumblick auf Palma und das Meer – spektakulär (April–Okt., nur mit Voranmeldung).

45__Cartoixa de Valldemossa

Zelle Nummer zwei. Oder vier?

Wohin auch immer Sisi reist – sie besichtigt alles, was ihr sehenswert erscheint, ist neugierig, vielseitig interessiert. Bei ihrem Besuch auf Mallorca im Dezember 1892 steht die Cartoixa ganz oben auf ihrer Liste. Hat hier doch George Sand (34) einen Winter verbracht, mit ihren Kindern Maurice (15) und Solange (10) und ihrem Geliebten Frédéric Chopin (28). Sisi bewundert die Schriftstellerin sehr, ihre gesellschaftskritischen Werke ebenso wie ihre unkonventionelle Art zu leben.

Im November 1838 kamen die Frischverliebten in Palma an. Die balearische Sonne sollte Maurice' Rheuma ausheilen – und Frédérics chronische Bronchitis. Doch in dem angemieteten Haus waren sie nicht willkommen: Der Besitzer fürchtete die Tuberkulose wie die Pest. Erst in der säkularisierten Kartause von Valldemossa fanden sie Unterschlupf, in der ehemaligen Zelle Nummer zwei. Oder vier. Jedoch auch an diesem Ort schien sich alles gegen sie verschworen zu haben. Es regnete unentwegt, das Zimmer war feucht, und wegen ihrer skandalösen Beziehung zeigte man ihr die kalte Schulter. Das mallorquinische Essen war so gar nicht nach ihrem Geschmack. Knoblauch und Olivenöl! Wie unfein! Immerhin gefiel ihr die Landschaft. Frédérics Krankheit verschlimmerte sich. Dennoch komponierte er, auf dem eigens angelieferten Pleyel-Klavier, eines seiner berühmtesten Werke – das Regentropfen-Prélude.

Sisi liebt Mallorca. Von ihrem ortskundigen Cousin Luigi lässt sie sich die Geschichte der Cartoixa erzählen: Wie Jaume II. 1309 den Königspalast errichten ließ, weil sein Sohn an Asthma litt, das im milden Klima von Valldemossa geheilt werden sollte. Dass es nach 1399 auf Mallorca keine Könige mehr gab und der Palau del Rei Sanx ein Kloster wurde. Bis die Kartäusermönche 1835 vertrieben wurden – da baute man ihre Zellen zu Fremdenzimmern um. Die waren nicht sehr beliebt. Nun sind es viel besuchte Museumsräume. Perfekt.

Adresse ES-IB 07170 Valldemossa, Plaza Cartoixa | Anfahrt und Öffnungszeiten www.cartoixadevalldemossa.com | Tipp Im Museum sind besonders die Apotheke aus dem 18. Jahrhundert und die Bibliothek sehenswert. Ein Ausflug zum Port de Valldemossa lohnt sich – vorzugsweise mit einem sehr kleinen Auto, die Straßen sind sehr eng.

46__S'Estaca

Sisi begegnet der Geliebten des Arxiduc

Die schöne Baleareninsel Mallorca hat es Sisi angetan. Nur wenige Wochen nach ihrem zehntägigen Aufenthalt in Ludwig Salvators Gästehaus Son Moragues besucht Sisi ihren Cousin zum zweiten Mal – für weitere zehn Tage. Am 30. Jänner 1893 geht die *Miramar* unterhalb von Luigis Wohnsitz Son Marroig erneut vor Anker, beim Sa Fordada, dem berühmten Felsen mit dem Loch.

Diesmal möchte Luigi seiner Cousine endlich Catalina (23) vorstellen. Die schöne und kluge Tochter eines Tischlers verwaltet mit großem Geschick sein Landgut S'Estaca. Sie kultiviert Oliven, presst feinstes Öl und keltert aus Malvasier-Trauben Wein, der weit über die Grenzen bekannt ist und international ausgezeichnet wird.

Wann genau der Arxiduc, wie Ludwig Salvator auf Mallorca genannt wird, Catalina zum ersten Mal begegnet ist? Das weiß niemand so genau. Jedenfalls sorgt er dafür, dass sie schon in jungen Jahren lesen, schreiben und fremde Sprachen lernt. Mit 18 wird sie schließlich seine Geliebte. Ein Riesenskandal und Anlass zu moralischer Entrüstung am fernen Wiener Hof. Doch auch in ihrem Dorf stößt Catalinas Lebensweise auf Unverständnis. Das erklärt sich aus der Zeit – und ein bisschen aus dem Neid. Als gebildete und selbstständige Frau ist sie ihrer Zeit 100 Jahre voraus. Ihr 20 Jahre älterer Mentor überträgt ihr Verantwortung, nimmt sie mit auf Reisen, zeigt ihr die Welt und: baut ihr ein Haus! Eine weiße Finca am Meer, die er selbst geplant hat, im maurisch-sizilianischen Stil. Hier lebt sie meist allein als »einsamer Spatz«.

In der Finca S'Estaca trifft Sisi die mehr als 30 Jahre jüngere Frau und versteht sich auf Anhieb prächtig mit ihr. Luigi betrachtet die beiden als »verwandte Seelen«. Nach Catalinas Tod 1905 schreibt er in seinem Buch »Catalina Homar«: »Die beiden Frauen sprachen miteinander, wie wenn sie sich seit jeher gekannt hätten. In beiden war das menschliche Gefühl gleich wach.«

Es wird ihre einzige Begegnung bleiben.

Adresse ES-IB 07170 Valldemossa, Diseminado s'Estaca 1 | **Anfahrt** Straße zum Hafen von Valldemossa (Ma-1131) bis Km 4 folgen, Auto abstellen, von hier etwa eine Stunde zu Fuß | **Öffnungszeiten** Privatbesitz, nur vom Weg aus zu sehen | **Tipp** Der Weg führt weiter zum Fischerdorf Caló de s'Estaca: 14 Fischerhütten und eine Taverne schmiegen sich an die Klippen.

47_Son Marroig

Der Wandertrieb ist dem Menschen angeboren

Wie seine Cousine Sisi ist Erzherzog Ludwig Salvator alias Luigi am liebsten unterwegs – meist inkognito. 1867 segelt er (20) als Ludwig Graf Neudorf erstmals zu den Balearen, um naturwissenschaftliche Studien zu betreiben. Am meisten fasziniert ihn die Insel Mallorca, ihre wilde Schönheit, die Liebenswürdigkeit ihrer Bewohner. Hier beginnt er ein Werk, das von unschätzbarem Wert für die Nachwelt sein wird: *Die Balearen*. Auf 6.000 Seiten dokumentiert er in Wort und Bild Flora, Fauna, Wetter, Klima, Geologie, Geschichte, Architektur und die Gebräuche der Bewohner. Er lässt sich ein Forschungsschiff bauen, die 48 Meter lange Dampfsegelyacht *Nixe I*, und erwirbt nach und nach den gesamten Küstenstreifen zwischen Valldemossa und Deià samt den dazugehörigen Herrenhäusern. Son Marroig wählt er 1877 zu seinem Wohnsitz. Seine *Nixe* liegt gleich unterhalb, vor dem Loch-Felsen Sa Fordada.

Hier kommt Sisi bei ihren Besuchen im Dezember 1892 und Ende Jänner 1893 an. Sie ist tief beeindruckt. Das Haus, Ende des 15. Jahrhunderts von der Familie Mas-Roig aus Sóller erbaut, hat Luigi perfekt renoviert, ebenso den Renaissancegarten. Von der Loggia des Esszimmers sieht sie die Nordküste Mallorcas, das Monestir de Miramar und auf einem Felsvorsprung den Rundtempel aus weißem Marmor. Luigi erzählt, dass er ihn für seinen tragisch ums Leben gekommenen Sekretär und Freund Vratislav Výborný habe bauen lassen – eine Kopie des Diana-Tempels im Pallavicini-Garten in Genua. Davon wird Sisi sich bald selbst überzeugen: Demnächst wird sie die ligurische Stadt besuchen und durch den verwunschenen Garten spazieren.

Noch aber steht sie ganz im Bann von Mallorca und freut sich auf zwanglose Ausflüge zu den schönsten Plätzen der Insel mit einer verwandten Seele. »Von jetzt an«, sagt sie zu Luigi, als sie nach zehn Tagen mit der *Miramar* Richtung Menorca weiterfährt, »wird mir Korfu nicht mehr so gefallen.«

Adresse ES-IB 07179 Valldemossa, Via Dejà, Carretera de Valldemossa | **Anfahrt und Öffnungszeiten** www.sonmarroig.com | **Tipp** Im Sommer finden hier oft Konzerte statt. Das benachbarte Monestir de Miramar aus dem 13. Jahrhundert, einst vom Philosophen Ramon Llull bewohnt, war das erste Anwesen, das Ludwig Salvator 1872 kaufte. Im Museum ist ein Modell seiner *Nixe* zu sehen.

48_Son Moragues

Ein Picknick im Olivenhain

Erzherzog Ludwig Salvator, seiner toskanischen Herkunft wegen Luigi genannt, ist für seine außerordentliche Gastfreundschaft bekannt. Es macht ihm große Freude, Fremdenführer zu sein, Gäste zu beherbergen und fürstlich zu bewirten. Seine Cousine Elisabeth (54) empfängt er (44) im Dezember 1892 mit großer Herzlichkeit. Ist sie ihm doch in seiner habsburgischen Verwandtschaft die einzige Seelenverwandte. So wie sie gilt er in der Hofgesellschaft als exzentrischer Außenseiter, liebt die Natur und das Meer und die Gesellschaft einfacher Menschen. Er interessiert sich für Naturwissenschaften und Kulturen, beherrscht fremde Sprachen und steht auf Kriegsfuß mit jeglicher höfischer Etikette.

Sisi kommt am 18. Dezember mit der *Miramar* an. Zehn Tage logiert sie in Son Moragues, einem jener Landgüter, die Luigi in den vergangenen 30 Jahren in der Gegend erworben hat. Das uralte Herrenhaus steht in einer 800 Hektar großen Natur- und Kulturlandschaft. An einem milden Tag führt Luigi seine Cousine durch *sein* Land, steigt mit ihr durch den duftenden Pinienwald in die Serra de Tramuntana. Sie begegnet wilden Ziegen, entdeckt mallorquinische Vogelfallen, blickt an den Aussichtspunkten, den *Miradores*, staunend auf die Küste und das Meer.

Vor einem winzigen Steinhaus ist ein herrliches, einfaches Mahl vorbereitet. Ziegenkäse, Fladenbrot, Lammschinken, sonnenwarme Tomaten, Limonade aus frischen Zitronen, Mandelkuchen und natürlich Oliven! Luigi hat die brachliegende Olivenplantage, auf Trockensteinterrassen angelegt, erneuert. Dazwischen grasen Schafe. Sie fressen die störenden Triebe von den Stämmen der Olivenbäume, die fast 1.000 Jahre alt werden, weil sie so genügsam sind und jahrelang ohne einen Tropfen Wasser überleben. Sisi lauscht Luigis Erklärungen. Sie staunt – und schweigt. Langsam geht sie zurück zum Haus, auf einer echten Römerstraße, die mitten durch die Plantage führt.

Adresse ES-IB 07170 Valldemossa, Avenida Lluís Salvador Cilimingras | **Anfahrt und Öffnungszeiten** www.sonmoragues.com | **Tipp** Das Landgut wird heute ganz im Sinne Ludwig Salvators als ökologisches Landgut geführt und steht Besuchern offen. Man kann tolle geführte Wanderungen durch die Olivenplantage samt Verkostung lokaler Produkte buchen (infosm@sonmoragues.com).

49__Das Grüne Lusthaus

Zufluchtsort in traurigen Flitterwochen

Der Schock für die 16-jährige Sisi ist groß. Eben noch unbeschwert im geliebten Possi, den Kopf voller romantischer Phantasien einer Ehe mit ihrem bis über beide Ohren in sie verliebten Cousin Franz Joseph – und nun? Sitzt sie allein im kalten Blauen Hof in Laxenburg, während ihr Frischangetrauter sich allmorgendlich in die Hofburg aufmacht, um seinen kaiserlichen Pflichten nachzugehen. In ihren Flitterwochen! Von Obersthofmeisterin Sophie von Esterházy (56) streng überwacht, hat Sisi keine Bewegungsfreiheit. Es sei unschicklich für eine Kaiserin, so ihre Schwiegermutter, ihrem Mann nachzulaufen und dorthin und hierhin zu kutschieren wie ein Fähnrich! Auch ausreiten darf sie nicht. So geht sie stundenlang spazieren, in dem wundervollen Landschaftspark, einem der schönsten in ganz Europa, mit der neomittelalterlichen Franzensburg mitten in einem künstlich angelegten See.

»Es kehrt der junge Frühling wieder / Und schmückt den Baum mit frischem Grün / Und lehrt den Vögeln neue Lieder / Und macht die Blumen schöner blüh'n.« Ja, Ausdrucksmittel und Ventil ist für sie damals schon: die Dichtung. Oft sucht sie den Diana-Tempel auf, 1756 von Maria Theresia erbaut, mit einem Deckenfresko, das Agamemnon auf der Jagd darstellt. Im Mittelpunkt des prächtigen grünen Rokoko-Pavillons treffen sich die acht strahlenförmigen Achsen des Waldsterns. Sisi weint bitterlich, vor lauter Heimweh. »Doch was ist mir die Frühlingswonne / Hier im fernen, fremden Land? / Ich sehn' mich nach der Heimat Sonne, / Ich sehn' mich nach der Isar Strand.«

Ja, sie habe, schreibt ihre Nichte Amélie später in ihren »Erinnerungen an Großmama«, als junge Frau in Laxenburg oft geweint. Und sich überhaupt nie nach ihrer Jugend zurückgesehnt, weil sie in dieser so unglücklich gewesen sei. Und doch hat Sisi hier auch großes Glück erlebt: die Geburt von Gisela (1856) und Rudolf, dem heiß ersehnten Thronfolger (1858).

Adresse A-2361 Laxenburg, Schlossplatz 1 | **Anfahrt und Öffnungszeiten** www.schloss-laxenburg.at | **Tipp** Im weitläufigen Schlosspark kann man eine Bootsfahrt machen und die märchenhafte Franzensburg besichtigen. Sie wurde 1801 von Kaiser Franz II./I. errichtet, als »Gartenhaus in Gestalt einer gothischen Burgveste«.

50 Der Karmel Mayerling

Sisis schwärzester Tag: Schauplatz einer Tragödie

»Der Besuch in Maierling hat mich, wenngleich er traurig war, doch befriedigt. Das freundliche Kloster mit der hübschen Kapelle in der freundlichen Landschaft macht einen friedlichen, beruhigenden Eindruck.« Schreibt Franz Joseph am 6. November 1889 an Sisi, die nach Korfu geflüchtet ist. Die Umbauarbeiten am Jagdschloss von Rudolf (30), der hier mit Mary Vetsera (18) am Morgen des 30. Jänner Selbstmord begangen hat, sind fast abgeschlossen. Karmelitinnen erfüllen den Ort mit neuem Sinn. Rudolfs Schlafzimmer, in dem sich die Tragödie ereignete, ist nun eine prächtige Kirche. Im Zimmer nebenan hörte sein Kammerdiener Loschek die Pistolenschüsse, alarmierte den hierorts nächtigenden Graf Hoyos, brach die Tür auf und fand die leblosen Körper. Das Diener-Zimmer wurde zur Seitenkapelle, wo der gebrochene Vater sich ins Gebet versenkt. »Wie ich mein Leben ertragen soll, weiß ich nicht. Ohne meinen Sohn, der meine ganze Freude war.«

Sisi hat eine Statue des Bildhauers Victor Tilgner aufstellen lassen: »Mater Dolorosa – Ora pro nobis«. Ihr Herz durchbohrt ein Dolch, sie trägt ein rotes Kleid. Sisi, Schmerzensmutter des unglücklichen Rudolf, wird nur mehr Schwarz tragen, bis zu dem Tag, an dem Luigi Lucheni ihr einen Dolch ins Herz stößt. Nur zu Marie Valeries Hochzeit am 31. Juli 1890 in Ischl trägt sie Hellgrau.

Franz findet Trost im Gebet, Sisi nicht. »Rudolf«, sagt sie zu Marie Valerie während einer Messe, »hat meinen Glauben totgeschossen – ich bete den großen Jehova an, aber sonst …« Erst an Rudolfs erstem Todestag bringt sie es über sich, nach Mayerling zu fahren, wo Rudolf so gern weilte. 1886 hatte er das 1550 erbaute Anwesen gekauft, umgebaut und 1887 im Beisein seiner Eltern feierlich eingeweiht. In einem Brief bat er, zusammen mit Mary im nahen Heiligenkreuz begraben zu werden. Sein Wunsch blieb unerfüllt, wie so viele seiner Wünsche und Träume. Er ruht neben seinen Eltern im Sarkophag Nr. 144 in der Kapuzinergruft.

Adresse A-2534 Mayerling 3 | **Anfahrt und Öffnungszeiten** www.karmel-mayerling.org | **Tipp** Rudolfs kurzes Leben und seinen tragischen Tod kann man im angeschlossenen Museum detailreich nachverfolgen. Mary Freiin von Vetsera liegt auf dem Friedhof Heiligenkreuz begraben, nahe dem sehenswerten Zisterzienserstift Heiligenkreuz.

51 Das Elisabeth-Kirchlein

»Ihr Berge und Hügel, lobet den Herrn!«

Kurz nach Sisis Ermordung in Genf am 10. September 1898 erteilt Franz Joseph die Genehmigung, auf dem Hochschneeberg eine Elisabeth-Kirche zu bauen. In 1.796 Metern über der Adria wird sie thronen, weithin sichtbar, südöstlich der Bergstation der Schneebergbahn, die erst ein Jahr zuvor eröffnet worden ist. Alljährlich an ihrem Todestag soll eine Seelenmesse gelesen werden. Doch bis zur Fertigstellung vergehen noch drei Jahre. Die Idee, die Kirche in ein Observatorium zu integrieren, scheitert an den Kosten. Die Arbeiten an dem nun separat geplanten Gotteshaus müssen wegen extremer Witterung und Finanzierungsproblemen mehrmals unterbrochen werden.

Am 5. September 1901 endlich wird das Kirchlein feierlich der heiligen Elisabeth geweiht. Prominente Festgäste aus Adel und Politik sind mit der Bergbahn angereist, darunter der Wiener Bürgermeister Dr. Karl Lueger. Erst regnet es in Strömen, dann verhüllt dichter Nebel den Hochschneeberg. Der Wiener Weihbischof zelebriert den Festgottesdienst, der Wiener Männergesang-Verein singt Franz Schuberts *Deutsche Messe*.

Es ist ein ebenso schöner wie ungewöhnlicher Sakralbau, den der junge Wiener Architekt Rudolf Goebel entworfen hat, ein Schüler Otto Wagners. Dem Sturm, Schnee und Kälte ausgesetzten Ort angepasst, formt er den überkuppelten Zentralbau außen mit Quadern aus heimischem Naturstein und Betoneckpfeilern zu einem wehrhaften Bau. Das Säulenportal, das golden strahlende Tor, der Innenraum, die Farben, die Typografie der Inschriften – alles trägt die Handschrift des Secessionismus. Am Altar steht eine schlichte weiße Elisabeth-Statue, goldgekrönt. Im Eingangsbereich sind eine Gedenktafel und ein Porträt-Relief angebracht. Doch Sisi ist vor allem durch die bloße Existenz des Kirchleins gegenwärtig, an diesem besonderen Platz in den Bergen, die sie so geliebt hat. Franz Joseph besucht sein Sisi-Kirchlein erstmals am 18. Juni 1902.

Adresse A-2734 Puchberg am Schneeberg, Hochschneeberg 6 | **Anfahrt und Öffnungszeiten** Kirche zu den Betriebszeiten der Schneebergbahn zugänglich, Infos unter www.schneebergbahn.at | **Tipp** Der Kaiser kehrte bei seinem Besuch im Berghaus Hochschneeberg ein. Von hier aus kann man zum Kaiserstein und zum Kaiserwappen wandern.

52 Die Rudolfsvilla

Feriendomizil für Gisela und Rudolf

Als Sisi im Mai 1862 von ihrem monatelangen Venedig-Aufenthalt endlich in die Heimat zurückkehrt, führt ihr erster Weg sie nach Reichenau, wo Gisela (6) und Rudolf (4) am Fuße von Rax und Schneeberg einen unbeschwerten Sommer verbringen. Zwei Wochen lang widmet sie sich nun ganz ihren Kindern, ehe sie zu einer von Dr. Fischer verordneten Kur nach Bad Kissingen aufbricht. Sie wohnen in einer 1857 erbauten Villa, die der Kaiser seit zwei Jahren als Feriendomizil von der Familie Waissnix gemietet hat. Seither kommt Sisi immer wieder für ein paar Tage an diesen beschaulichen, erholsamen Ort, den man zu Ehren des Kronprinzen *Rudolfsvilla* getauft hat.

Der Fuhrwerksunternehmer und Gastwirt Ignaz Waissnix besitzt den am Talschluss gelegenen Thalhof, den er kürzlich zu einem vornehmen Hotel ausgebaut hat. Hier logiert die Crème de la Crème der Wiener Gesellschaft zur Sommerfrische: Künstler, Schriftsteller, Intellektuelle – und natürlich der Adel. Auch der Kaiser ist oft zu Gast, vornehmlich, um auf die Jagd zu gehen. Sein bevorzugtes Jagdgebiet bei Neuberg an der Mürz liegt ja ganz in der Nähe, nur durch einen Hügel getrennt.

Im August 1862 verbringt Sisi wieder Zeit mit Gisela und Rudolf in der Rudolfsvilla – und dann noch einmal im September. Da kommt auch Franz Joseph immer wieder auf eine Stippvisite nach Reichenau, wo er mit Sisi ausreitet und Kutschfahrten mit ihr und den Kindern unternimmt. Der Hofmaler Alexander von Bensa hält einen dieser seltenen Familienausflüge in einem Aquarell fest.

Später verbringen Gisela und Rudolf ihre Sommerferien lieber anderswo. Die Villa wird aufgegeben, und Sisi kommt nur noch ein einziges Mal nach Reichenau. Auf der Flucht vor dem Trubel der Wiener Weltausstellung mietet sie sich im Juli 1873 mit Marie Valerie in der Villa Warrens ein. Zur Erinnerung pflanzen die Reichenauer noch im selben Jahr vor der Kirche einen Mammutbaum.

Adresse A-2651 Reichenau an der Rax, Thalhofstraße 6 | Öffnungszeiten Im heutigen Sisi-Schloss kann man stilvolle Appartements mieten (Infos unter www.sisi-schloss.at). | Tipp In der Nähe ließ sich Sisis Schwager Karl Ludwig, der in seiner Jugend sehr in sie verliebt war, 1872 Schloss Wartholz bauen. Hier wurde 1912 Otto von Habsburg geboren (www.schloss-wartholz.at).

53__Agnes' Grab

Credo in vitam aeternam

Zum Jahresende 1910 ist Sisis jüngste Tochter Marie Valerie schwanger und schreibt in ihr Tagebuch: »Nochmals ein Kind erhoffend, Todesgedanken ohne Furcht vor dem Tode, der mir nunmehr als das Ziel erscheint.« Sie ist 42 Jahre alt, es geht ihr nicht gut. Es wird ihr zehntes Kind sein. Das älteste, Elisabeth Franziska, ist schon 19. Zu Ella, wie sie gerufen wird, hatte Sisi, die auch ihre Taufpatin war, eine enge Beziehung. In einem berührenden Telegramm schreibt sie im Jahr 1896: »God bless you. With many kisses your loving Omama.«

Marie Valerie fühlt sich müde, erschöpft, dem Leben nicht mehr gewachsen. Ihre zunächst so glückliche Ehe, aus Liebe geschlossen, hat sich nicht gut entwickelt, Franz Salvator betrügt sie seit vielen Jahren. Anfang Juni 1911 verschlimmert sich der Zustand der werdenden Mutter, ihr Frauenarzt wird von Wien nach Wallsee geholt. Er stellt eine Querlage des Kindes fest. Marie Valerie beschließt, dennoch nach Ischl in die Kaiservilla zu fahren, wo sie schon neun Kinder zur Welt gebracht hat. Am 26. Juni um vier Uhr früh erblickt die kleine Agnes das Licht der Welt. Eine sehr schwere Geburt. Um vier Uhr nachmittags stirbt sie nach dem Empfang der heiligen Taufe in den Armen ihrer Mutter. Man bettet sie auf dem Wickeltisch inmitten von Spitzen und weißen Rosen. Alle weinen bitterlich, Franz Salvator ist fassungslos, Ella versucht zu trösten.

Die tiefgläubige Marie Valerie denkt in diesen Tagen oft an ihre Mutter, die nach all den Schicksalsschlägen in ihrem Leben an Gott verzweifelt war. Ihrem Tagebuch vertraut sie einen hoffnungsfrohen Gedanken an: »Wie tröstlich annehmen zu dürfen, daß dies kleine Enkelkind sie vielleicht endlich hineingeleitet hat in den Himmel.«

»Credo in vitam aeternam« lässt sie auf Agnes' Grab schreiben, das Franz Joseph in Ischl täglich besuchen wird, um pünktlich um elf Uhr zu beten: Ich glaube an das ewige Leben.

Adresse A-4820 Bad Ischl, Friedhof (Eingang Sulzbachfelderweg) | Anfahrt Lage des Grabes unter www.friedhofsfuehrer.at | Öffnungszeiten frei zugänglich | Tipp Auch andere Prominente sind hier begraben, Franz Lehár etwa, der ab 1912 jeden Sommer in der Villa am Lehár-Kai 8 wohnte: »In Ischl habe ich immer die besten Ideen.« Die Villa beherbergt nun das Lehár-Museum.

54__Das kaiserliche Cottage

Sisis Ischler Refugium

Im Jahr 1861 wird das Cottage am Fuße des Jainzen in der englischen Parkanlage nordwestlich der Kaiservilla fertiggestellt. Der k. k. Hofgärtner Franz Rauch hat die Oberaufsicht. Den Plan für das zierliche zweigeschossige Gebäude im modischen neo-elizabethanischen Stil hat er wohl aus englischen Musterbüchern zusammengesetzt.

Anfangs dient es Sisi und Franz Joseph in ihrem Sommerdomizil als kühler Frühstücksraum an heißen Tagen; schon bald aber entdeckt Sisi es als ihren persönlichen Rückzugsort. »Siehst Du die Villa dorten / Aus weissem Marmelstein? / Auf Fuchsias aller Sorten / Ruht mild des Mondes Schein.« Hier kann sie Gedichte schreiben, Freunde empfangen oder ungestört ihren Gedanken nachhängen. An drei Seiten verläuft eine Loggia mit floralen Ornamenten aus Gusseisen. »Viel luftige Veranden / Die zieh'n sich um das Haus / Und wilde Weinguirlanden / Die wuchern ein und aus.« Sisi beschreibt sie im Sommer 1887 in ihrem »Mondmärchen am Zauberberg«: die malerisch romantische Verbindung von Architektur und Natur, lebendig leicht. Der Ausblick auf die umgebende Landschaft, die Wiesen, Wälder und Berggipfel, ist von überall herrlich.

Auch die Innenräume, elegant und kostbar ausgestattet, wirken inspirierend: 16 geschnitzte Figuren aus dem Nibelungenlied flankieren Türen und Fenster. Bald heißt das Cottage, aus kühlem rosagrauen Untersberger Marmor gebaut, Marmorschlössl. Wenn Sisi auf Reisen ist, nützen ihre Kinder das Cottage. Später verbringt sie hier viel Zeit mit Marie Valerie. Im Sommer 1886 verfolgt sie den Plan, ihre Tochter (18) möglichst oft mit Franz Salvator (20) zusammenzubringen. Die beiden verbindet eine Art Kinderliebe, und Sisi wünscht sich für Marie Valerie eine Liebesheirat.

Die Hochzeit wird am 30. Juli 1890 in der Ischler Pfarrkirche gefeiert. Anton Bruckner improvisiert an der Orgel über Händels »Halleluja« und die Kaiserhymne. Franz' glühende Liebe zu Marie Valerie wird leider bald erkalten.

Adresse A-4080 Bad Ischl, Jainzen 38 (im Park der Kaiservilla, Parkplatz Götzstraße 11) | **Anfahrt und Öffnungszeiten** www.kaiservilla.at | **Tipp** Sehenswert ist die 1780 geweihte Stadtpfarrkirche St. Nikolaus, ab 1854 innen kunstvoll historistisch ausgestaltet. Hier besuchte die Kaiserfamilie die Sonntagsmesse, und Marie Valerie heiratete ihren Franz.

55 Die Kaiservilla

Ein Wohlfühlort fürs Leben

»Kaiser verlangt Sisis Hand und deine Einwilligung, bleibt bis Ende August in Ischl, wir sind alle glückselig.« Telegrafiert Ludovika am 19. August 1853 ihrem Gemahl Herzog Max.

Unfassbar. Am 15. August ist Sisi (15) mit ihrer Mutter und Nené (18) angekommen, auf Einladung von Ludovikas Schwester, Erzherzogin Sophie, zu Franz Josephs 23. Geburtstag. Für Sisi gilt die Einladung gar nicht, ihre Mutter hat sie einfach mitgenommen – vielleicht in der Hoffnung auf eine Doppelhochzeit? Weil des Kaisers Bruder Karl Ludwig in Sisi verliebt ist? Dass Nené den Kaiser heiraten wird, haben Sophie und Ludovika ja so gut wie beschlossen. Doch schon beim ersten Diner verschlingt Franz Joseph, während er neben Nené sitzt, mit seinen Augen nur: Sisi! Am nächsten Morgen weiß er, wen er will. Am Abend tanzt er mit Sisi den Kotillon, ein eindeutiges Signal. Am nächsten Tag fragt Ludovika ihre Tochter, ob sie den Kaiser lieben könne. Sie bricht in Tränen aus. »Ja!« Sie zweifelt nur, ob sie, ausgerechnet sie, imstande sein würde, ihn glücklich zu machen. Am nächsten Morgen küsst Franz sie halb tot, und um elf Uhr, in der heiligen Messe, erbittet er den Segen für sich und seine Braut.

Von diesem Moment an arbeitet Sisis Tante und Schwiegermutter fieberhaft an ihrem Hochzeitsgeschenk für das junge Paar: eine Familien-Sommerresidenz in Ischl. Sie kauft die einfache, 1834 erbaute Villa Eltz und lässt sie kaiserlich ausbauen – zu einem »E« wie Elisabeth. Nach und nach entsteht am Fuße des Jainzen ein wundervoller englischer Park.

Im Juli 1854 kommt Sisi mit Franz zum ersten Mal in die Kaiservilla und danach jeden Sommer, bis zu ihrem Tod. Hier ist sie en famille, genießt die Natur, macht unzählige Ausflüge im Salzkammergut, feiert fernab von Protokollen Familienfeste, vor allem natürlich Franz Josephs Geburtstag am 18. August. Und den Tag, an dem alles begann – ihren Verlobungstag.

Adresse A-4820 Bad Ischl, Jainzen 38 (Parkplatz Götzstraße 11) | Anfahrt und Öffnungszeiten www.kaiservilla.at | Tipp Im Park erinnert der Themengarten »… und doch so fern« an Sisis Reisen. Das Seeauerhaus an der Esplanade, wo die Kaiserfamilie bis 1854 im Sommer zur Miete wohnte und die Verlobung von Sisi und Franz stattfand, ist heute ein Museum (www.stadtmuseum.at).

56 Der Wasserfall

Sisis Glücksplatz

Wie oft sich Sisi auf dem Weg von der Sommervilla zum Gipfel ihres Lieblingsberges, des Jainzen, am Hohenzollern-Wasserfall abgekühlt haben mag? Unzählige Male. »Der Jainzenbach bildet«, heißt es anno 1854 in *Ischl und seine Umgebung – Taschenbuch für Badegäste und Touristen,* »in einer tiefen Wald- und Felsschlucht, eine kleine, aber sehr malerische Kaskade.« Der Wasserfall sei nach Fürstin Pauline Hohenzollern-Hechingen benannt, »welche 1826 den Weg dorthin bahnen ließ«, samt Brücklein vor dem Felsenbecken. Ein wahrhaft bezaubernder Ort!

»Der Jainzen ist ja Mamas Zauberberg, wo sie dichtet und träumt und selbst mich kaum etwas erstaunen könnte.« Schreibt Marie Valerie am 6. September 1885 in ihr Tagebuch. Und ist dann doch erstaunt! Ihre Mutter hat zu ihrem Namenstag auf dem Weg zum Jainzen einen Gebetsstock aufstellen lassen, mit einem Marienbild und einem selbst verfassten Gedicht: »O breite deine Arme aus, / Maria, die wir grüßen / Leg schützend sie auf dieses Haus / Im Tal zu deinen Füßen!« Es ist das erste Gedicht, das Sisi gleichsam veröffentlicht hat, an dem viel begangenen Weg. »Und lass dereinst im Lauf der Zeit / Die Kinder daraus sprießen … / Die Mädlein, rein wie Dachsteinschnee, / Stark wie sein Fels die Knaben / Dann wahrlich sind's aus lichter Höh', / Maria, deine Gaben!«

Inspiriert wird Sisi gleich am Anfang des Wegleins zum Wasserfall. Von hier hat man einen wunderbaren Blick auf den Dachstein. Hauptmann Stierle-Holzmeister hat an diesem Ruheplatz einen Pavillon gestiftet und sich 1844 mit einem Gedicht verewigt: »Dort steht er, der Dachstein, der riesige Greis, die Krone von Felsen, das Stirnband von Eis, als König der norischen Alpen.«

Brücklein, Pavillon und Gebetsstock sind längst verschwunden. Das Wasser aber fällt immer noch malerisch 20 Meter tief durch die Schlucht herab, und den König der norischen Alpen schmückt heute wie damals ein Stirnband von Eis.

Adresse A-4820 Bad Ischl, Jainzen 9 (Parkplatz Jainzen) | Öffnungszeiten frei zugänglich | Tipp Nach einer Wanderung hat Sisi sich in der legendären Konditorei Zauner (Pfarrgasse 7) gern mit Eis oder Kuchen gestärkt. Hier kann man neben Sisi-Gemälden jausnen und Sisi-Taler kaufen.

57__Der Offensee

Gedanken der Wehmut

Am 31. Juli 1890, Tag der Vermählung von Marie Valerie (22) mit Franz Salvator (24), verliert Sisi (52) ihre wichtigste Vertraute. Der Aufbruch des Paares in die Flitterwochen markiert das Ende einer tiefen und innigen Mutter-Tochter-Beziehung. Um zwei Uhr nachmittags fährt das frisch vermählte Paar zum 20 Kilometer entfernten Jagdhaus am Offensee. Die Fassade ist reich mit Blumen geschmückt, das Schlafzimmer hat Sisi ganz in Rosa drapieren lassen. Und auf der Kommode steht das Bild eines Storches, der ein Kind trägt! Die Gegend um den Offensee liebt Sisi besonders, doch ein Besuch? Kommt nicht in Frage! Obwohl sie Marie Valerie schon jetzt schmerzlich vermisst. Ihrer eigenen kummervollen Flitterwochen unter Erzherzogin Sophies Fuchtel eingedenk, hat sie sogar Marie Valeries Schwiegermutter das Versprechen abgenommen, »die selige Zweisamkeit« auf keinen Fall zu stören und »sich in nichts zu mischen«.

Am Offensee dichtet Sisi 1886 eines ihrer »Septemberlieder« – ein Versuch, wehmütige Liebesgedanken in Worte zu fassen: »Ich hab' geliebt, wie wenige nur lieben, / Mit jedem Puls- und Herzensschlag; / War's nicht schon Götzendienst, den ich getrieben, / Ein gold'nes Kalb, vor dem ich lag?« Wie unglücklich aber hat diese übergroße Liebe sie gemacht! »Ich fühlte mich so einsam und verlassen, / In meiner Brust lag's schwer wie Blei; / Es war ein Ringen zwischen Lieb' und Hassen, / Ein bitt'rer stummer Herzensschrei.«

Ablenkung findet Sisi vor allem in der Natur, wenn sie sich in dieser fortbewegt, stundenlang. »Ich trat hinaus in das Septemberdunkel / Und schritt den stillen See entlang; / Am fernen Ufer schien wie ein Karfunkel / Des Fährmanns Licht am Waldeshang.«

Doch kann ihre geliebte Natur sie wahrhaft trösten? »Und als ich fragend ließ den Blick, den nassen, / Hingleiten auf den tiefen See, / Da schnitten mir die Sterne d'rin Grimassen / Und höhnten mich samt meinem Weh.«

Adresse A-4802 Ebensee, Offensee 1 (Jagdhaus) | **Anfahrt** am Parkplatz Offensee (Fahrnau, Ostufer) parken | **Öffnungszeiten** frei zugänglich | **Tipp** Den Offensee auf 650 Metern Seehöhe am Fuße des Toten Gebirges kann man in etwa eineinhalb Stunden umrunden. Das Jagdhaus mit Kapelle ist in Privatbesitz. Empfehlenswert: die Jausenstation Seeau (www.wanderbar.at).

58 Der Donau-Wirbel

Reise mit Hindernissen: Sisis zweite Donaufahrt

Den Sommer 1854 verbringt Sisi (17) mit ihrem frisch angetrauten Ehemann (25) in Ischl. Anfang September gesellen sich Franz Josephs Brüder Karl Ludwig und Ludwig Viktor sowie Sisis Geschwister Helene und Karl Theodor dazu und wohnen im Ischler Theater einer Vorstellung bei. Sisi und Franz fahren über Salzburg nach Schloss Hohenschwangau zu einem Kurzbesuch beim bayerischen König Maximilian II. und bei Kronprinz Ludwig (9). Auf der Rückreise wartet in Linz schon die funkelnagelneue kaiserliche Dampfyacht *Adler*, die auf ihrer Jungfernfahrt nach 15 Stunden Fahrzeit aus Wien eingetroffen ist. Am Morgen des 20. September besteigen Sisi und Franz sie zum ersten Mal. Es gibt zwar Bedenken wegen des eventuell zu niedrigen Wasserstands der Donau, doch das Wetter ist prächtig, ebenso die Laune des Kaisers. Feldmarschallleutnant Graf Grünne und Feldzeugmeister Freiherr von Mollinary entschließen sich abzulegen.

»Als wir uns bei Grein der bösen Strecke näherten, auf welcher der Strom, von steilen Felsenufern eingeengt, durch und über Felsenriffe in Stürzen und Wirbeln dahin braust, trat auf dem Schiffe eine große Stille ein.« Die seichten Stellen bei Wallsee und Steining werden mit großer Konzentration bewältigt, nur ein Riff ist übrig, das Ross am Hausstein. »Plötzlich wird vom Hinterschiffe links ein Rauschen vernehmbar, gleichzeitig erfolgt von gleicher Stelle her ein Ruck.« Dann gleitet die *Adler* weiter, die Gefahr scheint überstanden. Doch nein! Durch ein unentdecktes Leck dringt Wasser ein, bald wird der Kaiser-Salon überflutet sein. Der Kapitän entscheidet rasch und lässt die *Adler* sanft ans Land laufen. »Am Sand« bei St. Nikola steigt das Kaiserpaar in das Begleitboot *Hermine* um.

Ob Sisi sich der Gefahr bewusst war? Hatte sie Angst? Franz Joseph jedenfalls sorgte für die Beseitigung des Donau-Wirbels. Er ließ den bösen Hausstein sprengen und ganz in der Nähe am Ufer eine Gedenkkapelle errichten.

Adresse A-4381 St. Nikola/Donau, an der B 3 zwischen St. Nikola und Struden | **Anfahrt** Parkplatz neben dem Denkmal | **Öffnungszeiten** frei zugänglich | **Tipp** Sehenswert ist Schloss Greinburg aus dem 16. Jahrhundert, der österreichische Hauptsitz des herzoglichen Hauses Sachsen-Coburg und Gotha, im Sommer Schauplatz von Opern und Konzerten (www.schloss-greinburg.at).

59__Das Schloss Wallsee

»Es übertraf alle unsere Erwartungen«

Am 11. Juni 1895 haben Marie Valerie und ihr Mann Franz Salvator das jahrhundertealte Schloss an der Donau von seinem letzten Besitzer Alfred von Sachsen-Coburg gekauft – in einem verwahrlosten Zustand. Nun, mehr als zwei Jahre später, ist Wallsee wunderschön renoviert und dem Stil der Zeit gehorchend romantisiert. Das Ehepaar verlässt mit den vier Kindern Schloss Lichtenegg bei Wels, wo sie seit der Hochzeit im Juli 1890 zur Miete gewohnt haben.

»Wallsee, 4. September 1897. Einzug. Von Linz zu Schiff, doch verregnet.« Notiert Marie Valerie. Sisi indessen ist an diesem Tag in Meran eingetroffen, das laut Irma Sztáray von guter Wirkung auf sie sei. »Am 28. September verließen wir Meran und waren schon am nächsten Morgen in Wallsee, im neuen Heim der Erzherzogin Valerie. Es übertraf alle unsere Erwartungen. Unser kurzer Aufenthalt war ein würdiger Beschluß dieser mit mancherlei angenehmen Erinnerungen verknüpften Reise.«

Marie Valerie findet es unvergleichlich gemütlicher, ihre Mutter hier zu sehen, als bei ihr in Wien zu sein. »Mama kam zu Wagen mit Gräfin Sztáray und Graf Berzeviczy, gut aussehend, sogar heiter.« Mit größtem Interesse und auf das Eingehendste besichtigt Sisi das herrliche Schloss und dessen Einrichtung. Es ist rund um einen kleinen Brunnenhof gebaut, mit einem Uhrturm, der wie ein Kirchturm aussieht. Innen gibt es einen getäfelten Saal, Salons, einen Festsaal und eine spätgotische Schlosskapelle. Rundherum erstreckt sich ein Park mit einer Reitschule.

Sisi will nicht stören. Und so ist ihr erster Besuch nach zwei Tagen auch schon wieder zu Ende, und niemand ahnt, dass es ihr letzter bleiben wird. Nur ein Jahr später, am Abend des 10. September 1898, wird Marie Valerie, als sie gerade vom Gebet in der Schlosskapelle kommt, die furchtbare, unfassbare Nachricht vom Tod ihrer Mutter empfangen. »Noch zittert mir die Hand, wenn ich zurückdenke an diese Stunde.«

Adresse A-3313 Wallsee-Sindelburg, Schloss Wallsee 1 | **Öffnungszeiten** nur von außen zu sehen, Park und Innenhof bei Veranstaltungen zugänglich, Infos unter www.schloss-wallsee.at | **Tipp** Marie Valerie und Franz Salvator sowie ihr Sohn Theodor Salvator und seine Frau sind in der Habsburgergruft begraben, an der Ostseite der Pfarrkirche Sindelburg.

60 Das Mozartkino

Geburt eines Mythos

Bei der Salzburg-Premiere von »Sissi« ist die junge, schöne Hauptdarstellerin persönlich anwesend – eine Sensation! Die umjubelte Weltpremiere im Wiener Apollo Kino liegt nur wenige Tage zurück. Menschenmassen strömen ins Mozartkino, das älteste durchgängig bespielte Lichtspieltheater der Welt, im Keller eines spätgotischen Gebäudes. 1342 auf den Mauern eines römischen Tempels erbaut, ist es seit jeher Herberge und Gaststätte und heißt nun Kasererbräu. Hier logiert Romy Schneider (17) anlässlich der Filmpremiere, direkt über dem Kinosaal. »Ich freue mich schrecklich, daß ›Sissi‹ hier in Salzburg so ein Erfolg ist«, schreibt sie ins Gästebuch.

Schon läuft der Film in Deutschland an und entwickelt sich zum Welterfolg. »Rosemarie Magdalena Albach« wird als Romy Schneider über Nacht zum internationalen Star und erschafft einen Mythos: Kaiserin Elisabeth von Österreich alias Sisi. Romy geht so sehr in ihrer Rolle auf, dass das Publikum, so scheint es, nicht mehr zwischen der historischen Person und ihrer Verkörperung im Film unterscheiden kann. Romy wird zu Sisi und Sisi zu Romy. Nur das zweite »s« stört die Vollkommenheit der Illusion. Bald beginnen die Dreharbeiten zur Fortsetzung, wieder unter der Regie von Ernst Marischka. Im Dezember 1956 feiert der zweite Teil der Sissi-Trilogie in Salzburg Premiere: »Sissi, die junge Kaiserin«.

Romy wird im wirklichen Leben ebenso wenig glücklich wie Sisi. Sie findet keine erfüllte Liebe, kommt nie über den Tod ihres Kindes hinweg und erlebt die Kehrseite des nach außen hin glanzvollen Lebens: vergöttert, verkannt, vereinsamt. Romy stirbt am 29. Mai 1982 in Paris mit nur 43 Jahren. Ihr früher Tod macht sie selbst zum Mythos – und Sisis Mythos endgültig unsterblich. Romys Zimmer im Kasererbräu – Nummer 323 am Ende des Flurs im dritten Stock – sieht noch genauso aus wie damals. Im handbemalten Bett der »jungen Kaiserin« kann man übernachten und sich ein wenig wie ein Filmstar fühlen.

Adresse A-5020 Salzburg, Kaigasse 33 | **Anfahrt und Öffnungszeiten** www.kasererbraeu.at, www.mozartkino.at | **Tipp** Wer im Hotel übernachtet, kann zum halben Preis eine Vorstellung im hauseigenen Mozartkino besuchen, im Großen Saal oder im Römersaal mit römischen Mauerresten. Zur Residenz, wo Sisi 1867 beim Besuch von Napoleon III. logierte, sind es nur wenige Schritte.

61__Das Monatsschlössl

Kaiser-Jause mit Blick auf Hellbrunn

1867 ist für Sisi ein Jahr der Höhen und Tiefen. Im Jänner bringt ihre Schwester Marie ihr einziges Kind zur Welt, während ihr Cousin König Ludwig II. sich mit Sophie verlobt, um sich im Oktober wieder zu entloben. Im Juni krönt man Sisi zur Königin von Ungarn, dann muss sie den Mann ihrer Schwester Nené, Albert von Thurn und Taxis, zu Grabe tragen und die standrechtliche Erschießung ihres Schwagers verkraften, des glücklosen Kaisers von Mexiko. Im Juli wird sie in Ischl schwanger. Und im August spielt sie in Salzburg Gastgeberin von Kaiser Napoleon III. und seiner Eugénie. Mit gemischten Gefühlen. Hat Napoleon doch Maximilian in das tödliche mexikanische Abenteuer gedrängt.

Sisi und Franz treffen am Abend des 17. August in der Salzburger Residenz ein. Am nächsten Morgen wird zur Feier von Franz' 37. Geburtstag im Dom ein Pontifikalamt mit Mozarts großer C-Dur-Messe zelebriert. Am Nachmittag begrüßt Sisi am Bahnhof das französische Kaiserpaar in einem fliederfarbenen Kleid. Die *Salzburger Chronik für Stadt und Land* berichtet haarklein.

Am Nachmittag des 21. August begeben sich die Majestäten in einem prachtvollen Vierspänner nach Hellbrunn, um das Lustschloss zu besichtigen und sich an den Wasserspielen zu ergötzen. Im Gefolge werden gesichtet: Prinz Karl von Baiern, Fürst Metternich und Graf Andrássy. Eugénie (44), ganz in Weiß, unverschleiert, stützt sich beim Erkunden des Parks auf einen Gebirgsstock, ebenso wie Napoleon (59). Sisi und Franz hingegen steigen leichtfüßig zum kaiserlich geschmückten Monatsschlössl empor, 1615 für Erzbischof Markus Sittikus als Aussichtsschloss erbaut – in nur einem Monat! Im Salon der Beletage weitet sich bei geöffneten Balkontüren der Blick auf das Schloss. »Erfrischungen werden genommen, und eine herrliche Abendsonne versetzt die hohen Herrschaften in ein Entzücken, dem dieselben durch enthusiastische Worte Ausdruck verschaffen.«

Adresse A-5081 Anif, Fürstenweg 37 (Eingang Zoo) | Öffnungszeiten www.salzburgmuseum.at (Volkskundemuseum) | Tipp Das im Monatsschlössl untergebrachte Museum bietet Volkskunst vom Feinsten. Sehenswert ist das prächtige Lustschloss mit seiner wunderbaren Gartenanlage samt Wasserspielen (www.hellbrunn.at). Den liebenswerten Zoo gab es erst 100 Jahre später (www.salzburg-zoo.at).

62__Das Schloss Fuschl

Fast Possenhofen, beinahe der Starnberger See

Im Sommer 1867 fuhr Sisi an dem schönen Schloss am See – vorbei. In einem einfachen Zweispänner reiste sie mit ihrem Franz von Ischl nach Salzburg, um am 18. August Kaiser Napoleon III. und Kaiserin Eugénie willkommen zu heißen. Für Regisseur Ernst Marischka war diese flüchtige Begegnung Grund genug, das Schloss als Possenhofen und den Fuschlsee als Starnberger See zu verkaufen, als er 1955 den ersten Film seiner Sissi-Trilogie drehte. Mit diesen Filmen wurde Sisi zur Märchenprinzessin »Sissi« und als solche überhaupt erst: unsterblich.

Den wichtigsten Anteil an der bis heute ungebrochenen Popularität der Filme hatte jene österreichische Schauspielerin, die Sisi verkörperte – Romy Schneider. Ein absoluter Glücksgriff. Zu Drehbeginn war sie fast so jung wie Sisi bei ihrer Hochzeit und ebenso schön. Die Filme wurden Welterfolge und ließen die Film-Sissi mit der historischen Sisi perfekt verschmelzen. Die reale Frau und ihre wirkliche Geschichte verschwanden, an ihre Stelle traten Schauspieler, Kulissen und ein Drehbuch. Bis heute fällt es schwer, beides voneinander zu trennen, nicht zuletzt weil Romys Schicksal sich ähnlich tragisch entwickelte und Parallelen zu Sisis Leben aufzuweisen schien. Die Film-Wirklichkeit wurde wirklicher als die wirkliche und hat sich in den Köpfen der Menschen festgesetzt, wie es scheint: unauslöschlich.

Schloss Fuschl bildet eine wahrhaft filmreife Kulisse. 1450 auf einer Halbinsel im See errichtet, war es feudales Jagdschloss der steinreichen Erzbischöfe, die das Fürstentum Salzburg beherrschten. Bis es 1816 auf das Kaiserhaus überging. Heute ist das Schloss ein Luxushotel für die Reichen, Schönen und Berühmten. Das kleine Sisi-Museum mit Sisi-Souvenir-Shop jedoch ist für jedermann zugänglich. Die Märchen-Sissi ist hier ebenso präsent wie die echte, Erinnerungen an Marischkas Filme finden sich neben Sisis Briefschatulle samt Brief und Siegel.

Adresse A-5322 Hof bei Salzburg, Schloss-Straße 19 | Anfahrt und Öffnungszeiten www.rosewoodhotels.com | Tipp Das Luxushotel in den geschichtsträchtigen Mauern wird 2023 renoviert und modernisiert. Danach sind auch wieder das Café-Restaurant, die Terrasse mit Blick über den See und das Schloss-Ladl samt Sisi-Museum geöffnet.

63_Die Postalmhütte

Sisi labt sich mit frisch gemolkener Milch

Anno 1865 führt noch keine Mautstraße von Strobl am Wolfgangsee auf die Postalm – der Aufstieg vom Tal zu dem auf 1.250 Metern gelegenen Plateau ist per pedes zu bewältigen. Sisi bereitet das keine Schwierigkeiten, im Gegenteil. Sie ist 27 Jahre alt und gut trainiert. Ihre Köchin allerdings, die sie, so sagt man, auf fast allen ihren Wegen begleitet, muss in einem Tragesessel befördert werden. Sisi findet, was sie so liebt: Natur, Natur, Natur. Dass sie auf der Postalmhütte einkehrt und in einer ebenso einfachen Hütte auf der Zwieselalm sogar einmal übernachtet, beweist, wie wenig Wert sie auf Luxus legt – wenn sie die Wahl hat.

Statt Haute Couture trägt Sisi ein Wanderkleid und an ihren langen, schmalen Füßen flache, robuste Schnürschuhe, die über den Knöchel reichen und größtmögliche Trittsicherheit bieten. Auf der Postalmhütte macht sie Rast und lässt den Blick über die Berggipfel schweifen, während sie ein Glas Milch trinkt, von einer glücklichen Kuh frisch gemolken. 100 Jahre zuvor wäre das noch nicht möglich gewesen. Die Alm hieß ursprünglich nicht von ungefähr *Holzalm*. Bevor sich das größte zusammenhängende Almgebiet Österreichs auf 42 Quadratkilometern ausbreiten konnte, sah man die Alm vor lauter Bäumen nicht. Im Laufe von drei Jahrhunderten wurde der Wald von den holzfressenden Sudpfannen der Salzgewinnungsanlage in Ischl quasi verschluckt.

Der Hotelier Franz Koch, zugleich Postmeister und Betreiber des Postkutschenverkehrs zwischen Ischl und Salzburg, kaufte 1853 ein großes Stück Almland als Sommerweide für seine 120 Kutschpferde und baute eine Almhütte. Erst 1894 musste er den Postverkehr einstellen und die Alm verkaufen. Der Name ist geblieben. Zur Erinnerung an Sisis Besuch errichteten er und seine Frau Juliane oberhalb der Hütte eine Marienkapelle, die am 21. September 1865 eingeweiht wurde. Für den Fall, dass Sisi wiederkehren würde und beten wollte.

Adresse A-5350 Strobl am Wolfgangsee, Postalm | **Anfahrt** über die Mautstraße, zweigt in Weißenbach von der L 158 ab | **Öffnungszeiten** Mai–Okt. Di–So 10–18 Uhr, Infos unter Tel. +43/664/3225026 | **Tipp** Auf dem Thoralm-Rundweg (vom Parkplatz 4) wandert man besonders aussichtsreich auf Sisis Spuren.

64 Die Basilika Mariazell

Trauer, Dank und fromme Wünsche

Am 16. Juli 1857 besucht Sisi zum ersten Mal die Basilika Mariazell. Sie kommt mit Franz Joseph, als einfache Pilgerin und doch hochoffiziell: Der Gnadenort feiert das 700-jährige Jubiläum seiner Gründung. Der Mönch Magnus aus St. Lambrecht habe mit Hilfe seiner wundertätigen Marienfigur, so die Legende, den Felsen geteilt, der ihm den Weg versperrte. Er stellte seine Maria auf einen Baumstrunk, baute um sie herum eine hölzerne Zelle und zog so viele Pilger an, dass 1200 um die Zelle eine Kirche errichtet wurde, die Ludwig I. von Ungarn zum Dank für den Sieg über die Türken im gotischen Stil erweitern ließ. Er spendete auch die Gnadenmadonna.

Im 17. Jahrhundert baute Leopold I. die Basilika zu jenem prunkvoll barocken Reichsheiligtum der Habsburger aus, in dem Sisi (19) nun mit Franz (26) einer Messe vor dem Gnadenaltar beiwohnt, um den vollkommenen Ablass ihrer Sünden zu gewinnen. Fühlt sie sich schuldig am Tod ihrer Tochter? Still betet sie für die kleine Sophie (2), die nur wenige Wochen zuvor in der Burg Ofen in ihren Armen gestorben ist. Findet sie Trost? Trägt sie das gläserne, goldgefasste Herz mit Sophies Haarlocke um den Hals? Viele Jahre später, nach ihrem tragischen Tod, wird Franz Joseph das berührende Andenken der Magna Mater Austriae anvertrauen.

Die nächsten Wallfahrten macht Sisi ganz privat, mit sehr persönlichen Anliegen. Am 9. Juni 1866 dankt sie für die Erfüllung eines Wunsches – was es wohl sein mag? – und macht ein neues Gelübde. »Jetzt gibt es ja«, sagt sie, »weiß Gott viel zu bitten!« Am 11. September 1884 bricht sie von Bad Ischl zu einer Wallfahrt auf, um für den glücklichen Ausgang ihres Reitunfalls beim »Toten Weib« zu danken. Ihre Votivgabe: die Perlenkette, die sie damals um den Hals trug. Zum letzten Mal pilgert sie im Juli 1886 zur Gnadenmutter, mit ihrer Tochter Marie Valerie, die von der Scharlach-Epidemie verschont geblieben ist.

Adresse A-8630 Mariazell, Benedictusplatz 1 | Anfahrt und Öffnungszeiten www.basilika-mariazell.at | Tipp Haarlocke und Perlenkette sind mit Hunderten anderen wertvollen Votivgaben in der Schatzkammer im Obergeschoss der Basilika ausgestellt (10–15 Uhr).

65 Das Stift Neuberg

Flucht in die Steiermark

Eigentlich hätte Franz Joseph längst in Bad Ischl mit seiner Familie vereint sein sollen, doch Napoleon macht allen einen Strich durch die Rechnung: Er erklärt Preußen am 19. Juli 1870 den Krieg. Österreich bleibt neutral, die Anspannung ist dennoch groß. Den ganzen Sommer allein mit ihrer Schwiegermutter in Bad Ischl? Schon der Gedanke bereitet Sisi Kopfschmerzen. In ihre Heimat kann sie auch nicht, denn Bayern ist in den Krieg mit eingetreten. So fährt sie Ende Juli mit Gisela, Rudolf und der kleinen Valerie nach Neuberg an der Mürz. Hier steht ein ehemaliges Zisterzienserstift, das die Habsburger seit 1850 gemietet und als Jagdschloss adaptiert haben. Sonntags besucht sie den Gottesdienst in der erhabenen, lichtdurchfluteten Stiftskirche aus dem 15. Jahrhundert, die nun als Pfarrkirche dient. Es ist für Sisi eine herrliche Gegend zum Wandern und Reiten! Bis weit in den Herbst bleibt sie hier.

Inzwischen wird emsig an der Fertigstellung des neuen Jagdhauses gearbeitet, das Franz Joseph sich in Mürzsteg bauen lässt, nur wenige Kilometer von Neuberg entfernt, inmitten eines phantastischen Jagdgebiets. Es ist klein und bescheiden, von August Schwendenwein von Lanauberg im Schweizerstil geplant.

Als Sisi Ende August 1883 mit Valerie wiederkehrt, ist das Jagdhaus längst zu einem kleinen Schloss geworden. Seit 1879 fährt eine Bahn bis Neuberg, und für die Kaiserin hat man einen Reitsteg angelegt – der ihr fast zum Verhängnis wird. Auf dem Weg von Mürzsteg nach Frein, in der Nähe des Wasserfalls *Zum Toten Weib*, strauchelt ihr Pferd auf einer Holzbrücke über einem Wildbach. Ein zufällig dort arbeitender Holzfäller reißt das Pferd samt Reiterin zurück und bringt beide in Sicherheit.

Marie Valerie (15) ist entsetzt. Sie schreibt ein Gedicht, das später auf einem Gedenkstein angebracht wird und mit den Worten endet: »Beschutze stets das teure Leben, das mir das Licht der Welt gegeben!«

Adresse A-8692 Neuberg an der Mürz, Hauptstraße 13 | Öffnungszeiten Kirche 9–19 Uhr, im Winter 9–15 Uhr; Führungen im Münster mit Kreuzgang und auf den berühmten gotischen Dachstuhl nach Voranmeldung unter Tel. +43/676/87426327 | Tipp Das Jagdschloss Mürzsteg ist seit 1946 Sommerresidenz des amtierenden Bundespräsidenten und nur von der Straße aus zu sehen.

66_Die Innsbrucker Hofburg

Wo Sisi und Franz einander erstmals begegneten

»Schließlich bemerken wir noch, dass Ihre Majestät im Jahre 1848 noch als bayerische Herzogin in Innsbruck längeren Aufenthalt im adeligen Damenstifte genommen hatte.« So endet der lange Bericht in den »Innsbrucker Nachrichten« über Sisis Kurzbesuch im Oktober 1870.

Frühjahr 1848. Erzherzogin Sophie flüchtet mit Franz Joseph (17), Maximilian (16), Karl Ludwig (15) und Ludwig Viktor (6) vor der Revolution in Wien nach Innsbruck. Doch auch in Bayern, ja sogar in Possenhofen erhebt sich das Volk gegen den Adel. Also beschließt Ludovika, ihre Schwester Sophie zu besuchen. Sie bewohnt mit ihren Kindern Sisi (10) und Carl Theodor (8) jenen Teil der Hofburg, in dem Kaiserin Maria Theresia zum Andenken an ihren hierorts im Sommer 1765 urplötzlich verstorbenen Franz Stephan ein Damenstift gegründet hat. Und so verbringt Franz erstmals Zeit mit seiner Cousine Elisabeth alias Sisi. Sie ist kein hübsches Kind, doch gutmütig und lebhaft. Ob er sie damals schon wahrnimmt?

Herbst 1870. Sisi ist schon 16 Jahre verheiratet und wieder einmal auf der Flucht aus Wien. Kurzfristig entschließt sie sich, mit der kränkelnden Marie Valerie (2) und Gisela (14) den Winter in Meran zu verbringen. Auf der Durchreise übernachtet sie in der Innsbrucker Hofburg. Der Empfang ist grandios. Um Punkt sieben Uhr abends wird der Hofzug mit Kanonenschüssen begrüßt, in der Umgebung und auf den Bergen brennen bengalische Feuer, trotz einfallendem Nebel samt Nieselregen. Die Straßen vom Bahnhof zur Hofburg, von neugierigen Einheimischen gesäumt, sind spektakulär beleuchtet, besonders das Goldene Dachl und der Rennplatz vor der Hofburg. Die Kaiserin begibt sich alsbald zur Ruhe, im smaragdgrünen Schlafgemach, das stets für sie bereitsteht, unter den Klängen einer Serenade. Am nächsten Morgen um kurz vor acht Uhr reist sie weiter, nach ihrer ersten und letzten Übernachtung als Kaiserin an diesem schönen Ort.

Adresse A-6020 Innsbruck, Rennweg 1 | Anfahrt und Öffnungszeiten www.burghauptmannschaft.at | Tipp In der Burg kann man die historischen Prunkräume von Kaiserin Maria Theresia, Sisis Appartement und eine modern inszenierte Dauerausstellung über Kaiser Maximilian I. besichtigen. Das Goldene Dachl ist wenige Gehminuten entfernt.

67_Die Amalienburg

Ich bin erwacht in einem Kerker

Am 23. April 1854 hält die kaiserliche Braut Einzug in die Amalienburg, den Teil der Wiener Hofburg, der unter Rudolf II. auf den Mauern des mittelalterlichen Cillierhofs erbaut worden ist. Sisi wird das Piano Nobile bewohnen. Es ist ebenso märchenhaft prächtig wie düster und für eine junge Frau altmodisch und unzeitgemäß ausgestattet. Zeit ihres Lebens wird sie sich hier fremd und unwillkommen fühlen.

Kurz nach drei Uhr nachmittags verlässt sie mit ihrer Mutter Ludovika in einem sechsspännigen Hofwagen Schönbrunn – zunächst geht es zur Favorita, dem k. k. Theresianum, inkognito. Hier wird sie auf den Einzug in die Burg vorbereitet und besteigt schließlich den mit acht weißen Kladruber Schimmeln bespannten Prachtwagen, in dem einst Napoleon I. zur Krönung fuhr. Der Wagen ist hoch, das Einsteigen für die nervöse junge Frau ungewohnt. Sie trägt ein rosa Atlaskleid, ihr dunkelblondes Haar ziert Franz Josephs Brautgeschenk, ein Diamanten-Diadem, dazu ein rot-weißer Kranz aus Rosen. Entlang des Weges wehen blau-weiße Fahnen, 9.000 Menschen bilden ein Spalier, allerorten jubeln Schaulustige ihr zu. Elisabeth ist die Erste, die über die neue, nach ihr benannte Wienbrücke fahren darf, wo der Bürgermeister sie ehrfurchtsvoll begrüßt.

Der Wagen hält im Amalienhof, der Obersthofmeister ist Sisi beim Aussteigen behilflich. Doch ihr Diadem verfängt sich an der Türfassung des hohen Prachtwagens, sie strauchelt und bricht in Tränen aus, unter den spöttisch-mitleidigen, kritischen Blicken des Wiener Hofes, der über ihr Missgeschick lacht und tratscht.

Kein guter Anfang, dem kein gutes Ende folgen wird. Erschöpft ruht sie sich in ihrer künftigen Wohnung aus, die trotz späterer Adaptionen nie ein echtes Zuhause werden soll. »Ich bin erwacht in einem Kerker«, schreibt sie in ihr Tagebuch. »Und Fesseln sind an meiner Hand. Und meine Sehnsucht immer stärker – Und Freiheit! Du, mir abgewandt.«

Adresse A-1010 Wien, Hofburg | ÖPNV U1, Station Stephansplatz | Öffnungszeiten www.sisimuseum-hofburg.at | Tipp Im weltberühmten »Sisi Museum« zeichnen persönliche Gegenstände das Leben der Kaiserin nach, in den Kaiser-Appartements wandelt man authentisch auf Sisis Spuren. Und in der Silberkammer kann man kaiserliches Tafelgeschirr bestaunen.

68 Die Anlegestelle Nussdorf

Gott segne unsre Kaiserbraut!

21. April 1854. In Passau hat Sisi (16) in Begleitung ihrer Eltern und ihrer Geschwister Ludwig und Helene den Raddampfer *Austria* bestiegen. Am Kreitelstein, der die nasse Grenze zwischen Bayern und Österreich markiert, weht ihr die erste schwarz-gelbe Fahne entgegen. An den festlich geschmückten Ufern jubeln die Menschen ihr zu. Vier Stunden später, in Linz – die große Überraschung: Der Kaiser eilt seiner Braut entgegen! Ein grober Verstoß gegen die Etikette. Und dann gibt er ihr, überglücklich, ein Busserl auf die Wange! Fast ein Skandal.

Die Brautgesellschaft übernachtet im Landhaus. Franz Joseph fährt in aller Herrgottsfrühe mit der *Austria* nach Wien voraus, die Braut folgt um acht Uhr mit dem Raddampfer *Franz Joseph*. Als dieser um vier Uhr nachmittags in Nussdorf Anker wirft, unter Kanonenschüssen und Glockengeläut, eilt Franz Joseph auf das Verdeck und schließt sie stürmisch in die Arme. Auch von ihren Schwiegereltern wird sie herzlich begrüßt. Sie trägt ein rosa Seidenkleid, eine weiße Cachemir-Mantille, einen rosa Seidenhut mit weißem Schleier. Und ein Spitzentaschentuch, zum Winken.

In einer Triumph-Säulenhalle, mit Gold, Fahnen und Wappen verziert, umringen sie die Ehrengäste. Unter dem Beifall Tausender Menschen, die sich an den Ufern und am Leopoldsberg als Zaungäste eingefunden haben, besteigt sie mit Erzherzogin Sophie einen offenen zweispännigen Wagen, der sie 5/4 Meilen nach Schönbrunn bringt. In jeder Ortschaft von Nussdorf über Döbling, Währing, Hernals, Lerchenfeld bis Mariahilf sind prachtvolle Triumphpforten aufgestellt, die Häuser mit bayerischen und österreichischen Fahnen, Blumen und Willkommenssprüchen geschmückt, die Straßen säumen hoffnungsfrohe Menschen. »Freudig trägt der Donau Welle Dich, geliebte Kaiserin / Nimm die Grüße an der Schwelle von dem großen schönen Wien, / Jubelnd sehn wir Dir entgegen, denn, wo du bist, ist der Segen!«

Adresse A-1190 Wien, Schiffsanlegestelle Nussdorf | **ÖPNV** Straßenbahn D, Haltestelle Nussdorf S, der Bahnunterführung zur Donaupromenade folgen | **Öffnungszeiten** frei zugänglich | **Tipp** Ganz wie Sisi fühlt man sich, wenn man mit einem der Ausflugsschiffe fährt, die an Sommerwochenenden zwischen Wien und Dürnstein verkehren (www.ddsg-blue-danube.at).

69__Die Augustinerkirche

Die allerhöchste Trauung

24. April 1854, sieben Uhr abends. In den mehr als 100 Lustern der mittelalterlichen Augustinerkirche brennen 10.000 Kerzen. Im Kirchenschiff hängen kostbare Gobelins. Der klassizistische Hochaltar von Ferdinand Hetzendorf ist im oberen Teil mit rotsamtenen Stoffen verziert, golddurchwirkt, ebenso die Wände des Presbyteriums. Sämtliche Glocken läuten, und Trompeten und Pauken erschallen, als das Brautpaar die Schwelle überschreitet. Die blutjunge, anmutige Braut trägt ein weißes Kleid aus Moiré und einen Mantel mit Schleppe, alles reich mit Gold bestickt. Ihr Brautkranz aus frischen Myrten und Orangenblüten wird von Erzherzogin Sophies brillantenbesetztem Braut-Diadem gehalten. Von ihrem herrlichen Haar wallt ein Schleier aus Brüsseler Spitze.

Unter dem dicht vor dem Altar schwebenden Baldachin nehmen Elisabeth und Franz Joseph auf ihren Betschemeln Platz. Erzbischof Rauscher nimmt die Trauung vor, weiht die Ringe, stellt die vorgeschriebenen Fragen, Franz Joseph antwortet laut und deutlich, Elisabeth haucht ein: Ja. Sie stecken einander die Ringe an, reichen einander die Hände und sprechen die Trauungsgebete. Unter donnernden Kanonenschüssen wird ihr Bund gesegnet. Die k. k. Hofmusikkapelle spielt und singt das Tedeum. Unter Pauken- und Trompetenklängen verlassen die Frischvermählten die Kirche.

Die Anspannung war groß, Entspannung ist noch lange nicht angesagt. Nun erst beginnt der Empfang der in- und ausländischen Würdenträger, die anstrengende Audienz im Zeremoniensaal der Hofburg, gefolgt von einem Galadiner. Bis zum 30. April 1854 ziehen sich die Hochzeitsfestlichkeiten. Unter anderem findet noch ein Hofball statt, eine Opernaufführung, ein Volksfest und ein Staatsdiner mit 160 geladenen Gästen.

Am besten gefällt Sisi das Volksfest, vor allem die Darbietungen des Kunstreiters Renz. Da fühlt sich das junge Mädchen aus Possenhofen ein klein wenig wie zu Hause.

Adresse A-1010 Wien, Augustinerstraße 3 | ÖPNV U1, Station Stephansplatz | Öffnungszeiten 9–19.30 Uhr, Infos unter www.augustinerkirche.augustiner.at | Tipp In der k. u. k. Hofzuckerbäckerei Demel, seit 1888 im Haus Kohlmarkt 14, war Sisi Stammkundin – so wie Katharina Schratt. Hier kann man kandierte Sisi-Veilchen kaufen.

70 Der Elisabeth-Fernblick

Riesenpromenaden im Wienerwald

»Weiland Ihre Majestät die Kaiserin und Königin Elisabeth hat im Mai des Jahres 1896 von diesem Platze aus weite Umschau gehalten.« Eine Tafel an der Kirche dokumentiert Sisis Spaziergang auf den Leopoldsberg – eine von vielen Promenaden, die sie im Wienerwald unternommen hat.

Gräfin Marie Festetics, zwei Jahre jünger als Sisi, begleitet die Kaiserin von 1871 bis 1894 als Hofdame. Sie notiert: »Der Reitsport ist etwas geringer. Jetzt gehen wir viel spazieren, was mir trotz der Anstrengung lieber ist.« Anstrengend sind diese Spaziergänge im Laufschritt fürwahr! Im April 1892 geht es von Sievering auf den Hermannskogel, zum Kahlenberg, über den Leopoldsberg hinunter ins Kahlenberger Dörfl, retour auf den Leopoldsberg und durch die Wildschlucht nach Grinzing. Volle fünf Stunden! »Ich habe *SIE* für Stunden und Stunden und genieße das so originelle und contemplative Seelenleben dieses so interessanten einzigartigen Wesen's!« Eine andere *Promenade* führt von Neuwaldegg auf die Sophienalpe, nach Hainbach, Weidlingau und Gablitz; und eine, am Vortag von Sisis 28. Hochzeitstag, zum Kaiserbrünndl, der steingefassten Quelle des Wienflusses. Angeblich schmeckt Sisi das Wasser so gut, dass sie es sich für ihren Kaffee nach Schönbrunn bringen lässt. »Ihre Majestät fuhren nach Pressbaum, von dort liefen wir über den Pfalzberg nach Hochstrass, faßt bis hin, dann Abstieg über die hintere Pfalzau und über den Sattelberg retour nach Pressbaum, 5 3/4 Stunden!«

Die Gräfin genießt die Gespräche mit der Kaiserin – auch bei ruhigeren Spaziergängen in Laxenburg. Hier werden traurige Erinnerungen wach, an ihre unglücklichen Flitterwochen mit Franz, unter dem strengen Auge ihrer Schwiegermutter. »Ich denke mir oft, was es doch wie ein Wunder ist, daß wir einander blieben, was wir sind. Denn wirklich, die Menschen haben das Möglichste gethan, um den Kaiser und mich auseinander zu bringen.«

Adresse A-1190 Wien, Leopoldsberg | ÖPNV Autobus 38A, Haltestelle Leopoldsberg | Öffnungszeiten Gedenktafel frei zugänglich | Tipp Sisis Promenaden kann man, wenn man Durchhaltevermögen hat, auch heute »nachgehen«. Auf dem Kahlenberg findet man ein Denkmal aus 1904 – die Kaiserin-Elisabeth-Ruhe.

71 Der Hofsalonwagen

Sisi nützt modernste Technik

Nach einer ihrer Bahnfahrten zwischen Meran und Salzburg im strengen Winter 1871/72 beklagt sich Sisi über die Eiseskälte in ihrem Wagon. Kein Wunder! Trotz fortgeschrittener Technik sind Wagons immer noch: unbeheizt. Ein reger Schriftverkehr mündet in einem Auftrag an die Wagonfabrik Ringhoffer, eine Hofsalongarnitur für die Kaiserin zu bauen, technisch auf dem neuesten Stand – vor allem heiztechnisch. »Die Ausstattung soll außen stylgerecht, doch einfach, innen in gewähltester Eleganz ausgeführt, doch ruhig und ohne jede Überladung gehalten sein.«

1873 wird die Garnitur auf Schiene gebracht. Hängeöfen unterhalb des Wagenkastens beheizt man während der Stationsaufenthalte von außen mit Kohle, Luftkanäle verteilen die Wärme im Wagon. Äußerlich sind Salon- und Schlafwagen samt Toilette-Abteil nicht als kaiserlich zu erkennen. Zur Sicherheit und weil Sisi jede Aufmerksamkeit scheut. Innen herrscht der von Hans Makart geprägte Dekostil: Vorhänge und Decken aus Samt und Plüsch in Olivgrün und Braun, Wandbespannungen aus Seide mit Wappen und Elisabeths Initialen, Messingleuchten und Behältnisse aus edlem Glas. Auf wundersame Weise wird der Schlafwagon mitsamt Ausstattung die Zeiten überdauern. Vielleicht, weil man ihn nach Sisis tragischem Tod in Genf aus Pietät sofort außer Dienst stellt. Auch ihre letzte Reise tritt die Kaiserin im Hofsalonwagen an, am 15. Juli 1898, vom Salzburger Staatsbahnhof aus, wo ihr Fuß zum letzten Mal österreichischen Boden berührt.

Bis dahin bringt sie ihr Hofsalonwagen an unzählige Ziele ihrer Träume. Trotz höchstem Komfort fährt Sisi nicht gern mit der Bahn, die für sie zeitlebens nicht mehr als ein schnelles, modernes Fort-Bewegungsmittel ist. Der Weg, der ihr eigentliches Ziel ist, beginnt erst, wenn sie in Triest die *Miramar* besteigt. »Das Leben an Bord ist doch mehr als bloßes Reisen. Es ist ein verbessertes, wahres Leben.«

Adresse A-1140 Wien, Mariahilfer Straße 212, Technisches Museum Wien | **ÖPNV** U 3, Station Johnstraße; U 4, Station Schönbrunn | **Öffnungszeiten** www.technischesmuseum.at | **Tipp** Im Technischen Museum gewinnt man viele Einblicke in die Entwicklung der Mobilität. Auch die Lokomotive der Kaiser-Ferdinand-Bahn, mit der das Kaiserpaar 1854 nach Brünn reiste, ist zu bewundern.

72 Die kaiserliche Wagenburg

Ein Sisi-Museum der besonderen Art

Nach dem Ende der Monarchie 1918 stand der Fuhrpark des kaiserlichen Hofes in den Stallungen der Hofburg plötzlich herrenlos da: 600 Fahrzeuge, 350 Pferde, Geschirre, Sättel, Zubehör aller Art. Vieles wurde versteigert oder verkauft. Das Wertvollste sammelte man in der ehemaligen Winterreitschule im Schlosspark von Schönbrunn. Hier wurde ein »Sisi-Parcours« angelegt, der mit echten Objekten durch Sisis echtes Leben führt – von ihrer hoffnungsfrohen Ankunft als Braut bis zu ihrer letzten, traurigen Fahrt.

Im Mailänder Wagen fährt sie am 23. April 1854 mit ihrer Mutter Ludovika von Schönbrunn in die Hofburg. Kaiser Franz I. hat den Wagen, 1805 für die Krönung Napoleons zum König von Italien gebaut, als Siegeszeichen nach Wien gebracht. In Vitrinen kann man die goldbestickte Brautschleppe bewundern und eines ihrer vielen schwarzen Kleider. An der Wand hängt ihr allerschönstes Jugend-Porträt. Im eleganten zweisitzigen Leib-Stadtwagen, 1857 um 15.000 Gulden für sie angeschafft, fuhr sie bei offiziellen Anlässen, von acht weißen Kladruber Hengsten gezogen. In Kinderkutschen machten Gisela, Rudolf und Marie Valerie Ausflüge. Ein wunderschöner Gebrauchssattel und Porträts von Sisis Lieblingspferden symbolisieren eine ihrer größten Leidenschaften. Ein berührendes Gemälde zeugt von ihrer jugendlichen Anmut.

Prunkstück der Sammlung: der Imperialwagen aus Ebenholz, 22-karätig vergoldet, in dem Sisi am 8. Juni 1867 von der Ofener Burg zur Matthiaskirche kutschiert wurde, wo man sie zur ungarischen Königin krönte. Im schlichten Leib-Landaulett, das sie auf Reisen stets begleitete, machte Sisi ihre letzte Fahrt zu Lebzeiten, am Tag vor dem Attentat in Genf. Ihre allerletzte Reise trat sie am 17. September 1898 an. Ihr Sarg wurde auf den *schwarzen Leichenwagen* geladen – nur für gekrönte Mitglieder des Kaiserhauses galt die »große Trauer« mit der Trauerfarbe Schwarz. Acht tiefschwarze Kladruber Rappen zogen den Wagen zur Kapuzinergruft.

Adresse A-1130 Wien, Schlosspark Schönbrunn | **ÖPNV** U 4, Station Schönbrunn | **Öffnungszeiten** www.kaiserliche-wagenburg.at | **Tipp** Zwischen der Wagenburg und dem Schloss liegt der Kammergarten – ein Rückzugsort für Sisi, zu dem sie von ihren Appartements direkten Zugang hatte. Im ältesten und schönsten Teil des Parks, bis 1918 Privatgarten der Kaiserfamilie, spielte Franz Joseph als Kind.

73 Die Kapuzinergruft

»Man weiß nie, was einem zustoßen kann.«

So beginnt das Testament, das Sisi im Juni 1898 verfasst hat, nur drei Monate vor dem Attentat am Genfersee am 10. September. Eine dunkle Vorahnung? Am 15. September 1898 um zehn Uhr abends kommen ihre sterblichen Überreste mit der Elisabeth-Bahn in Wien an, begleitet von Irma Sztáray, in deren Armen sie gestorben ist. In der Hofburg wartet Franz Joseph, gebrochen und dennoch aufrecht, stumm und tränenlos, neben ihm seine Schwiegersöhne und Marie Valerie und Gisela, die unaufhörlich schluchzen. Sie folgen dem von acht Trägern gehobenen Sarg in die Hofburgkapelle, die mit schwarzen Tüchern verhängt ist. Dann, während der folgenden kurzen Trauerzeremonie, spricht der Hofburgpfarrer den Namen der geliebten Frau aus: Elisabeth. Da verliert auch Franz Joseph die Fassung. Zwei Tage bleibt der schmale Holzsarg mit silbernen Leisten und einem silbernen Kreuz ausgestellt, dem alten Brauch gemäß. Elisabeth Imperatrix Austriae – Regina Hungariae.

Am 17. September um vier Uhr nachmittags wird sie zur Kapuzinerkirche gebracht, auf dem prunkvollen Begräbniswagen, von acht Kladruber Rappen gezogen. Als der Sarg durch die schmale Pforte der Kirche verschwindet, herrscht in der unübersehbaren Menschenmenge auf dem Neuen Markt düstere Stille. Die Kirche ist klein, 80 Bischöfe und die aus aller Welt angereisten fürstlichen Trauergäste stehen dicht gedrängt. Ein feierliches Requiem erklingt, zuletzt das »Libera me, Domine, de morte aeterna«.

Nun wird der Sarg angehoben, Franz Joseph folgt ihm mit seinen Töchtern und Schwiegersöhnen in die Familiengruft, wo die Habsburger seit 1617 zur letzten Ruhe gebettet werden. Minutenlang kniet Franz Joseph auf einem Betschemel. »Sie wissen gar nicht, wie sehr ich diese Frau geliebt habe.« Seine Liebe zu Sisi geht über ihren Tod hinaus. Am 24. April 1904, dem Tag ihrer goldenen Hochzeit, wird er Maiglöckchen und Orchideen auf ihren Sarg legen.

Adresse A-1010 Wien, Tegetthofstraße 2 | **ÖPNV** U 1, Station Stephansplatz | **Öffnungszeiten** www.kapuzinergruft.com | **Tipp** In der Kaisergruft ruhen 149 Personen, darunter zwölf Kaiser und 19 Kaiserinnen und Königinnen, in Holzsärgen: auf schwarzem Samt und Goldstoff die Männer, die Frauen auf rotem Samt und Silberstoff. Die Holzsärge sind in Prunksarkophage gebettet.

74_Das Schloss Schönbrunn

Eine ambivalente Beziehung

Das Schloss Schönbrunn, das Maria Theresia auf den Mauern der Gatterburg hat bauen lassen, ist Ausdruck der größten Pracht- und Machtentfaltung der Habsburger. Es ist der Ort, der Franz Joseph am meisten entspricht und den er wohl als so etwas wie Heimat empfindet. Hier wird er, der langersehnte Thronfolger, am 18. August 1830 geboren und verbringt mit seinen Brüdern Maximilian, Karl und Ludwig eine schöne Kindheit; hier stirbt, als er neun Jahre alt ist, seine kleine Schwester Maria Anna. Und hier wird er selbst am 21. November 1916 seinen letzten Atemzug tun.

Schönbrunn ist der erste Ort in Wien, an den er seine geliebte Sisi bringt, als sie am 21. April 1854 zu den Hochzeitsfeierlichkeiten anreist. Ihre Beziehung zu dem traditionellen Sommersitz der Kaiserfamilie bleibt zeitlebens zwiespältig. So wie die Hofburg empfindet sie das Schloss als viel zu groß, altmodisch, ungemütlich. Doch sie arrangiert sich.

1862 kehrt sie nach mehrmonatigen Kuraufenthalten in Madeira, Korfu und Deutschland nach Wien zurück, fest entschlossen, einiges zu ändern. Sie stellt Franz ein Ultimatum. Er überträgt ihr das Erziehungsrecht für die Kinder. Rudolf wird von seinem schikanösen Erzieher befreit. Sie selbst darf über sich und ihren Aufenthaltsort frei bestimmen. Ihre schreckliche Obersthofmeisterin Sophie Esterházy wird in Pension geschickt. Sonst – ja sonst würde sie ihn verlassen.

Für mehr Privatsphäre in Schönbrunn lässt sie sich noch im selben Jahr im Erdgeschoss ein Gartenappartement nach ihrem Geschmack einrichten, veilchenlila tapeziert, von den offiziellen Wohnräumen über eine Wendeltreppe erreichbar, mit direktem Ausgang in den Garten. So erreicht sie rasch und unbemerkt ihre Lieblingsorte: den Kammergarten, die Reithalle, abgelegene Reitwege im Park, den Weg zu *ihrer* Gloriette und zur Kammermeierei, wo sie so gern frühstückt, mit Milch von *ihren* Kühen.

Adresse A-1130 Wien, Schönbrunner Schlossstraße 47 | ÖPNV U 4, Station Schönbrunn | Öffnungszeiten www.schoenbrunn.at | Tipp Die Gloriette, Sisis absoluter Lieblingsplatz in Schönbrunn (weil am höchsten Punkt gelegen), ist heute ein viel besuchtes Café, wo man zum Kaffee ein Stück Sisi-Marzipan-Gugelhupf mit kandierten Veilchen genießen kann. Die Kammermeierei ist nun eine Tierarztpraxis.

75 Die Villa Hermes

Franz Joseph meint es wirklich gut!

»Lainz: Große, prunkvolle Räume, blendend beleuchtet, Marmor, Reliefs, üppige Teppiche, riesige Kamine; Mamas Zimmer haben den besten Willen, ungeheuer freundlich zu sein, sind mir aber in ihrem manirierten Rokoko zuwider.« So schildert Marie Valerie (19) am 25. Mai 1887 ihre Eindrücke von der ersten Nacht. Ein Jahr zuvor ist die Villa fertiggestellt worden, nach Plänen des Architekten Carl von Hasenauer, inmitten eines kaiserlichen Jagdgebiets.

1888 wird aus der *Villa Waldruh* die *Villa Hermes*: Da wird der von Sisi beim Berliner Bildhauer Ernst Herter bestellte *Hermes* enthüllt. Sein nacktes Hinterteil wendet er der Villa zu, sein Vorderteil hält er nonchalant bedeckt. Zwei Flügel wachsen aus seinem Reisehut, seine Haltung ist ausgesprochen lässig und sein Gesichtsausdruck: verschmitzt. Sein Blick schweift in die Ferne. Korfu? Gut möglich. Sisi plant schon fieberhaft ihr Refugium auf der nördlichsten Insel Griechenlands. Ein größerer Gegensatz zwischen dem luftig hellen, von erlesenem Geschmack zeugenden Achilleion und dem düster überladenen, wenig harmonischen Gemäuer ohne Bad und WC, wo Sisi im Prunkbett von Maria Theresia schlafen soll, lässt sich kaum denken.

Franz Joseph hat es wirklich gut gemeint. Er wollte seiner Sisi das Schloss ihrer Träume schenken. Sein (Hinter-)Gedanke: Sie würde dann keine Sehnsucht mehr nach weit entfernten Reisezielen haben. Der Plan geht nicht auf. Wichtige Familienereignisse und Feiern finden zwar fortan an diesem Ort statt, den Sisi jeweils für ein paar Mai- und Juniwochen aufsucht. Meist mit Marie Valerie, der sie die Villa (»mehr ein Schloss, leider!«) am 14. Juni 1896 in ihrem Testament vermacht. Doch sie kommt hier im Wald nicht zur Ruhe und folgt lieber Hermes, dem pfiffigen, ewig reisenden Götterboten. Ernst Herters »Sterbender Achilles«, zunächst im Stiegenhaus der Villa Hermes aufgestellt, reist ihr nach Korfu voraus.

Ihre Sehnsucht nach dem Meer ist stärker denn je.

Adresse 1130 Wien, Lainzer Tiergarten | **ÖPNV** Autobus 56A, Haltestelle Lainzer Tor | **Öffnungszeiten** Infos unter Tel. +43/1/8041324, www.wienmuseum.at/de/standorte/hermesvilla | **Tipp** Stärken kann man sich im Lainzer Tiergarten nicht nur in der Hermesvilla, sondern auch im Rohrhaus und im Hirschgstemm. Dazwischen liegt der Kaltbründlberg mit der frei zugänglichen Hubertuswarte.

76 Das Volksgarten-Denkmal

Heimkehr nach Wien

Am 8. Juli 1901, drei Jahre nach Sisis Tod, konstituiert sich das »Comité zur Errichtung eines Elisabeth-Denkmals«. Ein heftiger Streit entzündet sich an der Frage des Standorts. Der Kaiser entscheidet. Seine Wahl fällt auf die Nordost-Ecke im Volksgarten, ganz nah an der Hofburg; als wollte er seine Frau endlich für sich allein haben und ihr zugleich die Ruhe und Privatsphäre geben, die sie in Wien so vermisste.

Sie sitzt auf einer Bank, ruhig, entspannt, die Hände ineinandergelegt, in einem fließenden, griechisch anmutenden Kleid, an der Taille lose zusammengerafft, den Blick auf den Teich gerichtet, wo zwei Enten ihre Kreise ziehen; neben ihr ein aufgeschlagenes Buch, zu ihren Füßen zwei Hunde. So hat der Wiener Künstler Hans Bitterlich sie eingefangen. Als Vorbild diente ihm das Porträt der 30-jährigen Sisi im Königsornat von Georg Raab, ein Lieblingsgemälde des Kaisers. Der Bildhauer will sie stehend in weißem Laaser Marmor verewigen, in einem Buch lesend; mit diesem Entwurf gewinnt er bei dem vom *Comité* ausgeschriebenen Wettbewerb den zweiten Preis, der erste wird nicht vergeben. Schließlich bekommt er den Auftrag, zusammen mit Friedrich Ohmann, der mit der Architektur betraut wird. Ohmann jedoch kann sich die Kaiserin nur sitzend vorstellen, weltenfern sinnierend.

Ein neues Tor wird in die Mauer gebrochen, der Platz an der Löwelstraße neu gestaltet, als eine Art Hain, von einer Buchenhecke umgeben, mit nur zwei Zugängen. Am 4. Juni 1907 endlich ist es so weit. Familienmitlieder und Ehrengäste aus ganz Europa sind angereist. Der Kaiser fährt von Schönbrunn über die festlich geschmückte Mariahilfer Straße zum neuen Tor. Das Denkmal wird enthüllt, und der Kaiser bewundert seine geliebte Sisi von allen Seiten. Ein Tedeum wird zelebriert, der Wiener Männergesang-Verein singt die Festhymne, weiß gekleidete Mädchen streuen Blumen. Sisi ist endlich in Wien angekommen.

Adresse A-1010 Wien, Volksgarten, Eingang Burgtheater | **ÖPNV** Straßenbahn D, 1, Haltestelle Parlament | **Öffnungszeiten** www.bundesgaerten.at | **Tipp** Im ehemaligen Hofburggarten, seit 1820 für das Volk geöffnet, gibt es einen wunderschönen Rosengarten. Man kann den Theseustempel besichtigen und sich im Volksgarten-Pavillon stärken.

77 Die Votivkirche

Die Silberne Hochzeit

Beinahe hätte Franz Joseph Sisi niemals heiraten können. Am 19. Februar 1853 versucht ein ungarischer Schneidergeselle, den 22-jährigen Kaiser auf der Kärntnertor-Bastei zu erstechen. Mit einem Küchenmesser! Beherzt verhindert Graf O'Donnell das Schlimmste, doch die Verletzung ist schwer, die Erleichterung über den glücklichen Ausgang groß. Johann Strauss komponiert den Rettungs-Jubel-Marsch, und Franz' Bruder Maximilian ruft das Volk zu Spenden für den Bau einer Kirche auf.

Aus 75 Entwürfen wird der kühne Plan des jungen Heinrich Ferstel ausgewählt und in 23-jähriger Bauzeit verwirklicht. Da ist Maximilian längst tot, nach nur drei Jahren Regierungszeit als mexikanischer Kaiser 1867 von der Regierung hingerichtet. Anlässlich des 25. Hochzeitstags von Sisi (41) und Franz (48) wird am 24. April 1879 eines der schönsten neugotischen Bauwerke Europas eingeweiht, Höhepunkt der mehrtägigen Feierlichkeiten. Zwar regnet es in Strömen, und der Festzug, den Hans Makart in farbenprächtigen lebenden Bildern entworfen hat, mit Hunderten kostümierten Vertretern aller Gewerbe, muss um drei Tage verschoben werden. Die allererste Messfeier zu Ehren des erlauchten Silberhochzeitspaares in der neuen Heilandskirche wird trotzdem zelebriert, um elf Uhr, unter großem Jubel der Bevölkerung.

»Es war eine so schöne Feier, daß sie das Herz ergriff. Der Kaiser führte Sie, die reizend wie eine junge Braut, in Grau gekleidet, anmutig neben Ihm schritt. Tief ergriffen standen sie am Altare, jetzt erst wirklich eng verbunden!«, schreibt Gräfin Festetics in ihr Tagebuch.

Für die kaiserliche Familie ist hoch über dem Chor ein Hoforatorium gebaut worden, ein runder, verglaster, mit Kachelofen beheizbarer Raum mit freiem Blick von oben in den prachtvollen Kirchenraum. Hier hat Franz Joseph auch den gotischen *Antwerpener Altar* aufstellen lassen, einen der bedeutendsten flämischen Schnitzaltäre.

Adresse A-1090 Wien, Rooseveltplatz 8 | **Öffnungszeiten** www.votivkirche.at | **Tipp** Das Hoforatorium mit seinem einzigartigen Blick in die Kirche ist heute ein Museum und beherbergt wie damals den sehenswerten *Antwerpener Altar* (Di – Fr 15 – 17 Uhr, Sa 14 – 17 Uhr).

78 Die Elisabeth-Villa

Ankunft in Herkulesbad

»Herculesbad, 4. April. Ihre Majestät die Kaiserin Elisabeth ist Nachmittags wohlbehalten bei herrlichster Witterung um 5 Uhr angelangt.« Der frühlingshafte Tag ist der Montag in der Karwoche. Im Hafen des 20 Kilometer entfernten Orşova, malerisch an der Donau gelegen, ist Sisi an Bord der *Orient* angekommen. Von den lokalen Honoratioren wird sie feierlich nach Herkulesbad geleitet, wo sie der Generaldirektor des Kurorts, Carol Tatarczky, empfängt. Die »projectierten Freudenfeuer« allerdings »unterbleiben auf Allerhöchsten Wunsch«. Tatarczky überlässt seinem hochwohlgeborenen Gast, von dem er sich zu Recht einen weiteren Aufschwung des Ortes und seiner Geschäfte erhofft, seine private Villa. 1875 hat er sie im topmodischen Stil des Neorokoko erbauen lassen. Sie ist mit einem Turm samt Turmuhr asymmetrisch gestaltet und in elegantem Grau gestrichen; Elemente aus Gusseisen, glänzend weiß lackiert, setzen Akzente.

Sisi bewohnt beide Etagen. Die Räume sind stilvoll ausgestattet, die Holzdecken aufwendig bemalt. Besonders reizvoll findet sie die Balkone und die zur idyllischen Landschaft des Flüsschens Cserna hin ausgerichtete Loggia.

Von hier sieht sie auf das von Wilhelm von Doderer geplante Szápáry-Bad, wo sie sich Linderung ihres Rheumaleidens mit Wasser aus einer der warmen Quellen erhofft, für die der Kurort so berühmt ist. Doch zuallererst muss sie den Ort zu Fuß in Besitz nehmen, erwandern, noch am selben Tag. »Ihre Majestät unternahm sofort einen Spaziergang ins Gebirge«, berichtet die »Wiener Zeitung«, und weiter: »Heute Vormittags machte Ihre Majestät eine Fußtour durch die Wälder bis an die rumänische Grenze und kehrte um 7 Uhr Abends zurück.« Der Blick auf den kleinen Fluss inspiriert sie zum Gedicht »Osternacht«, in dem sie Zwiesprache mit einer Nixe hält, die ihr Schönheit und Jugend verspricht, in dem in Vollmondstrahlen sprühenden Silberregen des Cserna-Wassers.

Adresse RO-325200 Băile Herculane, Strada Cerna 5–7 | Öffnungszeiten nur von außen zu sehen | Tipp Die Renovierung der verfallenden Villa hat begonnen. Heutzutage logiert man am besten im stilvoll renovierten Hotel Versay, das viel vom Flair des 19. Jahrhunderts bewahrt hat.

79_Foișorul Elisabeta

Der Rote Pavillon

Während ihrer Rheumakur in Herkulesbad im April 1887 klettert Sisi, begleitet von ihrer Hofdame Sarolta alias Charlotte von Majláth, fast täglich auf die umliegenden Anhöhen des Cserna-Gebirges. Für die Kurgäste hat man ein verzweigtes Netz von Wegen angelegt, bequem, befestigt und nicht allzu steil, an dem die eine oder andere Sehenswürdigkeit zu finden ist: die romantische Munk-Quelle etwa oder die Grota Haiducilor, eine beeindruckend große prähistorische Höhle, die jahrhundertelang als Zufluchtsort für Outlaws gedient hat, wovon unzählige Graffitis Zeugnis geben. Sisi lässt sich von ihrem lokalen Führer Peter Zarva alle Geschichten erzählen und ist fasziniert.

Beim Foișorul Ciorici, dem Krähen-Pavillon, von dem man, in 391 Metern Höhe, eine wunderbare Aussicht auf die unberührte Berglandschaft des Domogled genießt, endet der Pfad. Sisi will höher hinaus. Ob es denn hier noch einen Weg gebe, fragt sie. Nein, nur einen Trampelpfad. Sisi lässt sich nicht abhalten und findet nach dem steilen Aufstieg durch steiniges Gestrüpp einen wahrhaft atemberaubenden Aussichtspunkt. Herkulesbad liegt ihr zu Füßen, eingebettet in Grün, nichts als Grün. Herrlich. Minutenlang blickt sie in die Landschaft. »Wie wunderschön! Was für ein Vergnügen wäre es doch, hier eine Mahlzeit einnehmen zu können!«

Schon am nächsten Tag, so erzählt später der Kurarzt und Augenzeuge Dr. Vuia, habe ihr Wunsch sich erfüllt. Man will die Kaiserin beeindrucken. 80 Arbeiter bahnen einen Weg und bauen einen hölzernen Pavillon. Über Nacht! Man malt ihn rot an und nennt ihn fortan Foișorul Roșu oder Foișorul Elisabeta. Ob Sisi hier tatsächlich eine Mahlzeit zu sich nimmt? Vielleicht. Auf jeden Fall wirkt der Ort inspirierend. Sie liest Heine-Gedichte und schreibt ihre »Frühlingslieder«. »Dunkle Tannen, Pinien gleich, / Wiegt des Abendwindes Wehen, / Wo aus ihrem Felsenreich / In das tiefe Thal sie sehen.«

Adresse RO-325200 Băile Herculane | Öffnungszeiten frei zugänglich | Tipp Auf dem Weg zum Roten Pavillon kann man zur Grota Haiducilor, zur Munk-Quelle, zum Grünen, zum Gelben und zum Krähen-Pavillon abbiegen.

80 Das Szápáry-Bad

Modernste Bad-Architektur

Der älteste Kurort Rumäniens ist eine Entdeckung der Römer, die ihn »Ad aquas Herculi sacras ad Mediam« nannten. Römische Soldaten kurierten in den verschieden warmen, schwefelhaltigen Quellen ihre Rheumaleiden aus und kamen so zu herkulanischen Kräften. Selbst Marc Aurel und seine Mutter Lucilla kurten hier. Nach dem Rückzug der Römer 275 gerieten die Quellen in Vergessenheit. Während der osmanischen Herrschaft von 1552 bis 1716 gelangten sie zu neuen Ehren – die Türken schätzten die Sprudelquellen über alle Maßen. Schließlich fiel das Gebiet an Österreich. Bei den Reichen und Schönen kamen Badekuren gerade groß in Mode, und so ließ Kaiser Karl IV. – nach ihm wurde Karlsbad benannt – die »Bäder von Mehadia« neu aufbauen. Die antiken Gebäude wurden abgerissen, nur das Apollo-Bad blieb erhalten.

Erst im 19. Jahrhundert erlebt Herkulesbad, wie es nun heißt, seine wahre Blütezeit. Auf dem biedermeierlichen Herkulesplatz setzt man dem antiken Helden 1847 ein imposantes Denkmal. Der Bedarf an Hotels und Bädern steigt. Wilhelm von Doderer wird mit der Planung neuer Kuranlagen und Gebäude beauftragt. Die reizvollste Anlage ist das Szápáry-Bad, das noch Neptun-Bad heißt. Prächtig ausgestattete Pavillons schmiegen sich am Flussufer an den Berg. 1886 eröffnet, gilt es als das modernste Bad Europas. Es wird von der Munk-Quelle gespeist und verfügt über ein neuartiges Wasserverteilungssystem und einen hydraulischen Aufzug. Sisi besucht das Bad im April 1887 jeden Morgen. Es liegt genau gegenüber der Villa von Kurdirektor Carol Tatarczky, die sie exklusiv bewohnt; sie braucht nur die Brücke zu überqueren, die über die Cserna führt.

In der Villa empfängt Sisi am 28. April Königin Elisabeth von Rumänien alias Carmen Sylva, die Dichterin. Elisabeth bestärkt und ermutigt Sisi, die in der inspirierenden Landschaft von Cserna-Tal und Domogled wieder anfängt, Gedichte zu schreiben.

Adresse RO-325200 Băile Herculane | **Öffnungszeiten** nur von außen zu sehen | **Tipp** Das notdürftig renovierte Apollo-Bad, das im Kern auf die Römerzeit zurückgeht, kann man auch innen besichtigen. Es wird mit leiser klassischer Musik beschallt und hat eine ganz besondere Atmosphäre.

81 Das Eiserne Tor

Abenteuerliche Schifffahrt auf der Donau

Am 4. April 1887 legt Sisi auf ihrer Reise nach Herkulesbad einen Zwischenstopp ein: Um halb sechs Uhr in der Früh nimmt sie mit ihrer Hofdame Gräfin Sarolta de Majláth im Bahnhofsrestaurant ein kleines Frühstück ein – im Eilzugtempo! Zwölf Minuten später besteigt sie den Hofsalonwagen zur Weiterfahrt nach Baziaș, seit der Eröffnung der Bahnverbindung 1858 ein wichtiger Hafen der Monarchie. Um Punkt neun Uhr geht Sisi an Bord des Dampfschiffes *Orient*. Der für sie schönste und abenteuerlichste Teil der Reise beginnt, durch eine wildromantische Flusslandschaft. Zwischen Baziaș und Orșova liegt das »Eiserne Tor«, der gefährlichste Abschnitt der Donau. Sie hat sich an dieser Stelle ein enges Bett zwischen den Karpaten im Norden und dem Balkangebirge im Süden gegraben. Abgebrochene Felsen ragen aus dem Wasser und bilden tückische Stromschnellen und Felsenbänke. Nur mit viel Geschick bewältigen ortskundige Lotsen die Durchfahrt. Und selbst für sie ist die Gefahr, einen Felsbrocken zu rammen, nicht gebannt.

Der Himmel ist strahlend blau und die Luft kühl und klar. Kein Lüftchen regt sich. Sisi ist glücklich, auf einem Schiff zu sein. Sie steht an Deck der *Orient*. Malerische Dörfer und Städtchen ziehen vorüber, hoch aufragende, bewaldete Felsen mit geheimnisvollen Höhlen; auf einer Klippe wird die im 14. Jahrhundert erbaute Burg Golubac sichtbar. Langsam nähert sich das Schiff der gefürchteten Schlucht. Die *Tabula Traiana* taucht auf, eine römische Steintafel, deren Inschrift daran erinnert, dass Kaiser Traian um das Jahr 100 eine Straße über den Felsen bauen ließ.

Drei Kilometer vor Orșova passiert das Schiff Ada Kaleh, eine Insel mitten in der Donau, mit einer Festung, einem Kloster und einer Moschee. Das Schiff fährt bis Gura Văii, wo es wendet und am eigentlichen Ziel der Reise landet, im Hafen von Orșova. Hier wartet eine Kutsche, die Sisi nach Herkulesbad bringt.

Adresse RO-225200 Orșova, Bulevardul 1 Decembrie 1918 | **Tipp** 1972 wurde die Donau zu einem gewaltigen See aufgestaut, in dem das Alte Orșova ebenso versank wie die Insel Ada Kaleh. Eine Fahrt mit einem der kleinen Ausflugsboote ist immer noch atemberaubend, vorbei am Kloster Mraconia, den Höhlen und der gigantischen Felsenskulptur *Decebalus*.

82 Das Schloss Peleș

Besuch bei einer Seelenverwandten

Seit 1881 sind Karl, Prinz von Hohenzollern-Sigmaringen, und seine Frau Elisabeth, geborene Prinzessin von Wied, König und Königin von Rumänien. 1883 beziehen sie ihre Sommerresidenz in den Bergen von Sinaia, das Schloss Peleș, von Wilhelm von Doderer und Johann Schultz im Stil der Neorenaissance geplant. Hier hat die »Künstler-Compagnie« ihre ersten großen Werke geschaffen: Gustav Klimt (22), sein Bruder Ernst (20) und Franz Matsch (23). Franz hat im Theatersaal die Königin verewigt, als personifizierte Poesie. Sie veröffentlicht als Carmen Sylva romantische Dichtungen und ermutigt und fördert Künstler.

Die berühmteste Person, der sie Mut gemacht hat, ist die Kaiserin von Österreich, bei der sie im November 1884 in Gödöllő zu Gast war. Dank Elisabeth findet Sisi zur künstlerischen Ausdrucksform ihrer Jugend zurück und schreibt wieder Gedichte. Am 28. April 1887 haben die beiden Elisabeths sich in Herkulesbad getroffen. Am 13. Mai reist Sisi mit der Bahn ins 400 Kilometer nordöstlich gelegene Sinaia und bleibt acht Tage. »Nicht den Hof wollt' ich besuchen, / Auch zur Königin nicht gehen; / Nur die Dichterin zu sehen / Kam ich, Carmen Sylva suchen.«

In ihrem tiefen Verständnis füreinander teilen sie die Verachtung für alles Äußerliche, die Vorliebe für Heinrich Heine und die existenzielle Erfahrung, eine Tochter im Kleinkindalter verloren zu haben. Stundenlang gehen sie in den Wäldern spazieren, tauschen Gedanken aus. Acht Jahre nach Sisis Tod wird Elisabeth für die »Presse« ihre Erinnerungen aufschreiben und ein eindringliches, berührendes Bild von Sisi zeichnen. »Mit langem, elastischem Schritte stieg sie die Berge hinan. Es war alles groß an dieser Frau. Ihr Gang, ihr Haar, ihre Gedanken, ihr Blick, der Klang ihrer tiefen, weichen Stimme. Sie sagte nie etwas Gewöhnliches, Erwartetes. Sie dachte so kühn und so frei und sagte, was sie dachte, in reizender Form.«

Adresse RO-106100 Sinaia, Aleea Peleșului 2 | Anfahrt und Öffnungszeiten www.peles.ro | Tipp Das kleine Schloss Pelișor, ab 1899 für den späteren König Ferdinand I. und die künstlerisch hochbegabte Königin Marie erbaut, ist Ausdruck eines neuen Zeitalters. Das Interieur ist Sinnbild des Privaten und ein Gesamtkunstwerk des Jugendstils. Einzigartig: das von Marie gestaltete Goldene Zimmer.

83 Die Attentats-Stelle

»Sehen Sie, Irma, die Kastanien blühen!«

Genf, 10. September 1898. Am Abend zuvor ist Sisi mit Irma durch die Stadt spaziert, hat Einkäufe gemacht, im Freien Eis gegessen. Danach, in der mondhellen Nacht in ihrer Suite im Hotel Beau Rivage, hat sie kaum geschlafen. Trotzdem sieht sie am Morgen erfrischt aus, ist guter Dinge. Bis zur Abfahrt nach Territet um 1 Uhr 40 mit dem Liniendampfer *Genève* bleibt noch Zeit. Sisi sucht mit Irma das Musikgeschäft in der Rue Bonivard auf, um für Marie Valeries Kinder ein Ariston samt 24 Musik-Platten zu kaufen. Lässt sich Arien aus Wagners »Tannhäuser« vorspielen, ihrer Lieblingsoper.

Nach einem Glas Milch im Beau Rivage verlässt Sisi mit Irma um 1 Uhr 35 das Hotel. »Allmächtiger Gott! Daß die darauffolgenden Minuten nicht ausgeschaltet werden konnten aus dem Strom Deiner Zeit!« Beim Brunswick-Monument bestaunt sie die Herbstblüte der Kastanien. Mit Irma schreitet sie am eisernen Geländer des Quai du Mont-Blanc entlang. Zu ihrer Linken glitzert der See in der Mittagssonne. Das Signal der *Genève* mahnt zur Eile.

In einiger Entfernung huscht ein Mensch auf dem Trottoir im Zickzack zwischen den Alleebäumen und dem Geländer. Urplötzlich stürmt er auf die Kaiserin los, scheint zu straucheln, fährt mit der Faust gegen ihre Brust und rennt weiter. Sisi sinkt lautlos zu Boden. Irma beugt sich über sie, entsetzt. Sisi öffnet die Augen, richtet sich auf, ordnet Kleid und Frisur, eilt weiter – nur ja kein Aufhebens. »Es ist ja nichts geschehen.« Nach 80 Schritten erreicht sie das Schiff: »Ich glaube, die Brust schmerzt mich ein wenig.« An Deck sinkt sie in Irmas Armen zu Boden. Ihr Blick sucht den Himmel. »Was ist denn jetzt mit mir geschehen?« Sie verliert das Bewusstsein und erlangt es nicht wieder. Das Öffnen des Kleides legt einen dunklen Fleck beim Herzen frei. Darunter eine kleine dreieckige Wunde, ein Tropfen gestocktes Blut.

Es war kein Schlag mit der Faust. Es war ein Dolchstoß.

Adresse CH-1201 Genève, Quai du Mont-Blanc | **Öffnungszeiten** frei zugänglich | **Tipp** Bei der Kathedrale St. Pierre, im Herzen der Altstadt, findet man die traurigen Reste der Zelle des früheren Évêché-Gefängnisses, wo der Attentäter Luigi Lucheni sich 1910 nach 14 Jahren Einzelhaft erhängt haben soll. Bis zuletzt zierte ein Bild seines Opfers seine Zellenwand.

84 Le Bateau Genève

Ein schöner Tod

Auf der *Genève* spricht Sisi am 10. September 1898 ihre letzten Worte. Was denn jetzt mit ihr geschehen sei, fragt sie verwundert. Am Tag zuvor, auf der Rückfahrt von Pregny, wo sie bei der Baronin Rothschild »helle, ja wolkenlose Stunden« verbracht hatte, kam das Gespräch auf das Sterben. Zufall? Obwohl sie ihn oft herbeisehne, sagte sie zu Irma, fürchte sie den Tod, denn dieser Übergang mache sie zittern. Die Ungewissheit. Der furchtbare Kampf, den man bestehen müsse, ehe man dahin gelange.

Nun liegt sie auf dem Verdeck der *Genève*, wenn schon nicht auf ihrem geliebten Meer, so doch auf dem See, der sie immer ans Meer erinnert hat, und schaukelt zwischen Leben und Tod. Wenige Minuten zuvor hat Luigi Lucheni einen Dolch in ihre Brust gerammt, brutal, kaltblütig, und sie hat es nicht einmal wahrgenommen. »Was wollte denn eigentlich dieser Mensch?« Sie ist nicht mehr bei Bewusstsein, spürt keinen Schmerz. Der Kampf, den sie gefürchtet hat, findet nicht statt. Man wird sie in ihr Hotel bringen, das Beau Rivage, wo sie allmählich ins Jenseits gleiten wird. »Jenseits ist Friede und Glückseligkeit«, sagte Irma. »Woher wissen Sie das? Von dort ist ja noch kein Wanderer zurückgekehrt!«, erwiderte Sisi.

Die *Genève*, ein Raddampfschiff modernster Bauart von 60 Metern Länge, fährt erst zwei Jahre auf dem Genfersee. 1896 für die Schweizerische Landesausstellung gebaut, hat man sie auf den Namen der Stadt getauft. Noch 75 weitere Jahre wird sie im Linienverkehr nach Territet fahren, von wo Sisi am 9. September zu einem kurzen Ausflug nach Genf aufgebrochen ist, um nie mehr zurückzukehren.

Die *Genève* wurde nach ihrer Außerdienststellung im Jahr 1974 von einem Verein gekauft, der sie seither als »historisches Schweizer Erbe« bewahrt. Den Sommer über kann man hier essen und trinken, mit Blick auf die Jet d'eau, die spektakuläre Wasserfontäne mitten im See, Wahrzeichen der Stadt Genf.

Adresse CH-1207 Genève, Quai Gustave-Ador 1 | **Öffnungszeiten** www.bateaugeneve.ch | **Tipp** Die einzigartigen süßen Kreationen und die köstlichen Brioches in der nahen Pâtisserie Aux Merveilleux de Fred (Cours de Rive 14) hätten wohl auch Sisi begeistert.

85 L'Hotel Beau Rivage

Das letzte Stündchen

Samstag, 10. September. Die *Genève* hat kaum abgelegt, als sie auf Geheiß von Irma Sztáray umkehrt. Die tödlich verwundete Kaiserin liegt auf einer Bank. Man bettet sie auf eine improvisierte Bahre, trägt sie vom Hafen zu dem Hotel, das sie kaum eine Stunde zuvor in heiterer Stimmung verlassen hat. Durch das prächtige Entree, über die Marmortreppe und den Wandelgang im Halbgeschoss wird die Sterbende in das Schlafzimmer ihrer Suite gebracht, aufs Bett gelegt. Zwei Ärzte untersuchen sie. »Es ist gar keine Hoffnung.« Der Priester kommt und erteilt ihr die Absolution. Ob noch Leben in ihr ist? Um 2 Uhr 40 wird sie für tot erklärt. Ein Telegramm geht an den Kaiser. »Ihre Majestät soeben im Hotel Beaurivage verschieden.« Luigi Lucheni, unmittelbar nach der Tat gefasst, hat mit einer zum Dolch geschliffenen Feile Sisis Herz durchbohrt. Die Wunde ist winzig. Das Blut sammelt sich langsam im Herzbeutel, Sisi verblutet innerlich. Nur zwei Tropfen beflecken ihr Hemd.

11. September. Der Hofleichenwagen zur Einholung der Kaiserin fährt von Wien nach Genf. *12. September.* Draperien in Schwarz und Silber verwandeln den rotgoldenen Erker-Salon, von dessen Terrasse Sisi über den Genfersee und auf den Quai du Mont-Blanc blickte, in ein Totenzimmer. Auf dem Katafalk steht der Sarg. Sisi ruht auf weißseidenen Polstern, friedlich, in ihrem »schönen Kleid« aus schwarzer Seide, die Haare zu einem Kranz geflochten, einen Rosenkranz und ein Kreuz in den gefalteten Händen, weiße Orchideen auf ihrer Brust. *14. September.* Ein sonniger Herbstmorgen. Vor dem Beau Rivage formiert sich der Trauerzug. 60.000 Menschen versammeln sich auf Brücken, Straßen und Plätzen, um die tote Kaiserin, deren Sarg aus dem Hotel getragen wird, zu verabschieden. Um elf Uhr erklingt die Clement-Glocke im Münsterturm.

Wenig später verlässt der *Train funèbre* den Bahnhof. Sisi tritt ihre letzte große Reise an.

Adresse CH-1201 Genève, Quai du Mont-Blanc 13 | **Öffnungszeiten** www.beau-rivage.ch | **Tipp** Die Vitrine mit Teilen der Kleidung, die Sisi bei ihrem Tod trug, kann auf Anfrage bei der Rezeption besichtigt werden, ebenso die Sisi-Suite, wenn sie frei ist. Hier ist nur mehr der Spiegel original – und die Aussicht auf den See.

86_Le Château Rothschild

Letztes Déjeuner bei der Baronin

Genf, 9. September 1898. Schon lange hat Sisi (60) sich nicht mehr so gut gefühlt. Nach einer Kur in Nauheim erholt sie sich nun in Caux, hoch über Territet am Genfersee. Franz kann sie leider wieder nicht besuchen, er ist ungemein beschäftigt. Heute folgt sie endlich der Einladung der Baronin Julie von Rothschild ins Château de Pregny bei Genf. Um neun Uhr besteigt sie mit Irma Sztáray das Schiff in Territet, bei prachtvollem Herbstwetter. »Noch nie hatte ich die Kaiserin in so ruhiger Seelenstimmung gesehen.« Vier Stunden dauert die Fahrt. Sisi schmiedet Zukunftspläne: eine Reise zum verwaisten Achilleion, vielleicht sogar auf die Kanaren. In Genf wartet ihr Landaulett, das sie auf Reisen stets begleitet.

Nach einer kurzen Fahrt passiert die Kutsche das Tor zum Rothschild'schen Anwesen. Die Baronin (68) empfängt sie herzlich am Eingang des Château – ein beeindruckender Bau, den ihr Mann Alphonse (75) 1858 von Henry Stokes und Joseph Paxton errichten ließ. Im Speisesaal ist für drei Personen gedeckt, mit Altwiener Porzellan und Kristallgläsern. Die französische Konversation ist lebhaft und heiter, von irgendwoher ertönt Tafelmusik. Das Déjeuner schmeckt einfach köstlich! Sisi isst mit großem Appetit, nimmt am Ende gar ein Glas Champagner. Die Menükarte will sie Franz schicken, unbedingt!

Später führt Julie ihren Gast durch das Haus, ein wahres Museum voll erlesener Kunstschätze. Im herrlichen Park bestaunt Sisi Volieren mit exotischen Vögeln, das Aquarium, das Gewächshaus mit den weißen Orchideen. Am Ende schreibt sie ins Gästebuch: »Elisabeth«. Wenige Seiten vorher steht: »Rudolf«. Ihr Sohn. Ein Omen? Sich fotografieren zu lassen lehnt sie zögernd ab. Leider. Ebenso das Angebot, für ihre Rückfahrt nach Territet doch die Rothschild-Yacht zu nehmen. Fatal. Um fünf Uhr nachmittags fährt sie mit Irma zurück nach Genf, wo im Hotel Beau Rivage ihre Suite reserviert ist.

Adresse CH-1292 Pregny-Chambésy, Route de Prégny 30–34 | **Öffnungszeiten** Das Schloss ist im Besitz der Rothschilds und hinter Mauern verborgen. | **Tipp** Der Spaziergang von Genf nach Pregny führt durch den botanischen Garten und den wunderschönen Park des Château de Penthes (Chemin de l'Impératrice 18).

87 Das Baur au Lac

Schwesterntreffen am Zürichsee

Nach einer strapaziösen Woche in Salzburg, wo sie an Franz Josephs Seite als Gastgeberin des französischen Kaiserpaares weilte, reist Sisi (29) am 24. August 1867 in die Schweiz, um Zeit mit ihren Schwestern Marie (25) und Mathilde (23) zu verbringen. Marie, die ehemalige Kurzzeit-Königin zweier Sizilien, ist unglücklich verheiratet und permanent auf Reisen, ebenso wie Mathilde Gräfin Trani. Auch ihre Ehe ist ein Misserfolg, doch im Jänner hat sie in Zürich endlich ein Mädchen geboren, Maria Theresia, ihr ganzes Glück. Sisi hat ihr nach der Geburt beigestanden und verbrachte zwei Wochen lang jeden Nachmittag mit ihr. Logiert hat Sisi im Baur au Lac, von wo sie mit mit ihrer Obersthofmeisterin Paula Gräfin Königsegg vergnügt durch die Stadt spazierte und Konditoreien aufsuchte. »Zürich, 27. Jänner 1867. Die Gegend ist sehr schön, ich mache zweimal täglich einen Spaziergang, morgens um halb acht, nach einem schrecklich kalten Bad, das Wasser hat hier nur 5 Grad«, schrieb sie an Rudolf (8).

Auch diesmal steigt sie im Baur au Lac ab. Das Hotel, berühmt für seinen Komfort und für seine Diskretion, beherbergt fast nur Prominente. Der gebürtige Vorarlberger Bäcker Johannes Baur hat es 1844 eröffnet, als erstes Luxushotel, das nicht in der Stadt lag, sondern: an einem See! Unerhört für die damalige Zeit, doch, wie sich herausstellen sollte, visionär.

Seit einigen Wochen gibt es in Zürich Fälle von Cholera, und so beschließen die drei Schwestern, den Rheinfall zu besichtigen. »Zürich, 1. September 1867. Mein lieber Rudolf! Morgen flüchten wir nach Schaffhausen vor der Cholera, die sich ausweitet. Tante Marie und ich freuen uns auf die Abwechslung. Man sagt, dort ist die Luft viel stärker und frischer als hier.« Sisi hat jetzt ein besonderes Bedürfnis nach guter Luft. Kein Wunder. Sie ist im zweiten Monat schwanger, mit Marie Valerie, die im April 1868 in Budapest zur Welt kommen wird.

Adresse CH-8001 Zürich, Talstrasse 1 | Anfahrt und Öffnungszeiten www.bauraulac.ch | Tipp Welche Konditoreien Sisi in Zürich besucht hat, weiß man nicht. Schon damals ein köstlicher »Süsskramladen« war die heutige Conditorei 1842 in einem Gebäude aus dem 13. Jahrhundert, mit einem Interieur aus 1890 (Napfgasse 4).

88 Das Alte Rathaus

Zeitreise in die Gotik und Renaissance

Während ihres Kuraufenthalts in Bártfafürdő alias Bad Bartfeld besucht die kulturinteressierte Sisi am Montag, den 8. Juli 1895, die pittoreske Kreisstadt Bartfeld, nur fünf Kilometer entfernt. Pater Antal Korány heißt sie herzlich willkommen und führt sie persönlich durch die kleine historische Altstadt mit all ihren Sehenswürdigkeiten.

Er zeigt ihr die mittelalterliche Stadtbefestigung und den einzigartigen Marktplatz – wie aus dem Bilderbuch. Um das spätgotische Rathaus stehen im Rechteck Bürger- und Handwerkshäuser aus der Renaissance, eines schöner und reicher verziert als das andere; ein jedes hat seinen eigenen Charakter, seiner Bestimmung und der Persönlichkeit seines Besitzers gemäß. Höhepunkt der Privatführung ist die Basilika; sie wurde 1415 dem Ägidius geweiht. Er ist einer der 14 Nothelfer und zählt zu den wichtigsten Heiligen im mittelalterlichen Europa. Im Inneren verbergen sich zehn original gotische Flügelaltäre aus dem 15. Jahrhundert! Erst sehr viel später wird ein elfter, neugotischer dazukommen. Jede Zunft hat ihren eigenen Altar. Einer davon ist der heiligen Elisabeth gewidmet, Schutzpatronin der Schneider. Daneben ragt hoch ein gotisches Kleinod auf, die Pastophorie, also der Tabernakelschrank, eine phantastische filigrane Steinmetzarbeit aus 1465. Sisi ist beeindruckt, für sie ist die Kirche eine »kleine Westminster Abbey«.

Im Rathaus bewundert Sisi das Renaissance-Interieur und die wertvollen Kunstgegenstände. Dem kundigen Pater Antal Korány überreicht sie am Ende der Führung zum Dank einen goldenen Ring mit einem blauen, mit 19 Diamanten gefassten Stein. Das wertvolle Schmuckstück ist nun im Šariš-Museum ausgestellt, das man im Rathaus eingerichtet hat. Auch das Trinkglas wird hier aufbewahrt, aus dem Sisi täglich ihr Heilwasser getrunken hat, das sie sich von der Doktor-Quelle holte, im Pavillon vor dem Hotel Déak im benachbarten Kurort.

Adresse SK-08501 Bardejov, Radničné námestie 13 | Öffnungszeiten Kirche: www.rkfubardejov.sk; Museum: www.muzeumbardejov.sk | Tipp Sehenswert ist die gotische Franz-von-Assisi-Kirche im nahen Hervartov, eine der schönsten, ältesten Holzkirchen. Der ganze Innenraum ist mit Malereien aus der Spätgotik und Renaissance (1596–1670) bedeckt.

89_Das Hotel Déak

Zur Trinkkur in Bad Bartfeld

Im Sommer 1895 fährt Sisi (57) zur Kur nach Bártfafürdő. Endlich! Schon Jahre zuvor hatte Graf Gyula Andrássy ihr den Kurort wärmstens empfohlen und war, um sich selbst ein Bild zu machen, sogar einmal von seinem Schloss in Tőketerebes ins 100 Kilometer entfernte Bad Bartfeld geritten. Doch damals wäre die Reise für Sisi äußerst beschwerlich gewesen. Erst seit Dezember 1892 gibt es eine direkte Bahnverbindung.

Sisis bester Freund Gyula ist schon fünf Jahre tot. Auf dem Weg hat sie in Tőketerebes seine Witwe Katinka besucht und im Mausoleum, in dem er seit zwei Jahren ruht, einen Kranz niedergelegt. Am 1. Juli kommt sie im Hotel Déak an und bezieht eine Suite mit Blick in den Park. Begleitet wird sie von ihrer Hofdame Gräfin Janka Mikes (29), die demnächst heiraten wird. Ihr Vorleser Marinos Marinakis (23) ist mit der Kaiserin auf einem Schnappschuss verewigt: Sisi mit Sonnenschirm, Marinos mit Hut, am diskreten Seiteneingang des Hotels.

Kurarzt Henrich Hintz verschreibt ihr warme Mineralbäder und eine Trinkkur. Er lobt sie als vorbildliche Patientin, die seinen Anweisungen genau Folge leiste. Mehrmals täglich trinkt sie Heilwasser, das sie sich selbst von der Doktor-Quelle holt. Ihr Appetit wächst. Zum Frühstück nimmt sie stets ein weiches Ei und ein Glas frisch gemolkener Milch, die ihr so gut schmeckt, dass sie die Kuh kauft und nach Wien bringen lässt. Am Abend isst sie gern mageres Bratenfleisch. Ihre ausgedehnten Spaziergänge macht sie am liebsten schon vor dem Frühstück, wenn noch kaum jemand unterwegs ist. Als sie am 21. Juli ihren Hofsalonwagen nach Wien besteigt, ist sie sehr erholt. Sie fühle sich, sagt sie, wie achtzehn. Und genau so hält der Bildhauer Gyula Donáth sie in einer Skulptur fest, die am 16. August 1903 enthüllt wird: anmutig sitzend, jugendlich schön. Das Hotel sieht aus wie damals, heißt nun Alžbeta und beherbergt ein entzückendes kleines Sisi-Museum.

Adresse SK-08631 Bardejovské Kúpele, Hotel Alžbeta | **Anfahrt und Öffnungszeiten** Museum: Mo–Fr 8–12 Uhr, Infos unter www.sorger.sk/bardejovske-kupele oder Tel. +421/54/4775001 | **Tipp** Gleich hinter dem Hotel befindet sich ein Freilichtmuseum mit einer wunderschönen Holzkirche aus 1730. Im Ort kann man die besten Oblaten der Welt kaufen (www.wafer.sk).

90 Das Andrássy-Mausoleum

Stilles Gedenken an einen treuen Freund

Auf ihrer Reise nach Bártfafürdő / Bad Bartfeld im Juli 1895 macht Sisi einen Abstecher nach Tőketerebes. Hier lebt Katinka Andrássy, geborene Kendeffy, Witwe des 1890 verstorbenen Gyula Andrássy, im Landschloss der Familie. Vor zwei Jahren hat man für ihn im weithin berühmten Schlosspark ein Mausoleum errichtet, auf einem Hügel an einem künstlich angelegten See. Der neogotische Bau des deutschen Architekten Arthur Meinig beeindruckt Sisi. Den marmornen Sarkophag, in dem Gyula nun ruht, hat der ungarische Bildhauer György Zala erst kürzlich fertiggestellt. Über den Sarg gebeugt betet eine Frau, in Bronze gegossen: Gyulas Tochter Ilona. Darüber schwebt ein Engel, wacht über den Seelenfrieden des Verstorbenen.

Nun endlich kann Sisi ihren besten und treuesten Freund betrauern, allein, ungestört. Wie viel Zeit sie wohl hier verbringt, in der wunderschönen Grabkapelle? Was geht ihr durch den Kopf? Betet sie? Sie legt einen kleinen silbrigen Kranz nieder, mit einer Schleife, auf der ihr Name steht. Trinkt sie dann mit Katinka, der sie freundschaftlich verbunden ist, Tee? Sprechen die beiden Frauen über alte Zeiten? Übernachtet Sisi im Schloss? All das bleibt ein Geheimnis.

Mehr als 100 Jahre liegt der Kranz, einziger Zeitzeuge für Sisis Besuch, neben Gyulas Sarkophag. Nach einer Renovierung aber ist er plötzlich: verschwunden. Manche Einheimische erinnern sich noch daran, und man kann ihn auf einem alten Foto erahnen. Sisis Kondolenzbesuch in Tőketerebes ist ihr erster und zugleich letzter auf dem Andrássy-Schloss. Sisi und Gyula sind sich hier nie begegnet. Franz Joseph jedoch hat man während der Manöver in Siebenbürgen vom 11. bis zum 14. September 1887 gastfreundlich aufgenommen.

Das Schloss aus 1786, im 19. Jahrhundert eines des schönsten Schlösser Ungarns, kam 1918 in Staatsbesitz, wurde als Krankenhaus genützt und seiner Einrichtung beraubt. Heute erstrahlt es in neuem Glanz.

Adresse SK-07501 Trebišov, Štefánika 257/65 | **Anfahrt und Öffnungszeiten** Mausoleum frei zugänglich, von innen im Rahmen von Führungen zu besichtigen, Info unter www.muzeumtrebisov.sk | **Tipp** Im Schloss ist ein modern gestaltetes Museum eingerichtet. Die Marienkirche ist Gyula Andrássys ursprünglicher Bestattungsort. Geboren wurde er in dem bis heute erhaltenen Andrássy-Schlösschen in Vlachovo.

91 Die Adelsberger Grotte

Märchenhafter Höhepunkt einer Reise

Am 11. März 1857 entdeckt Sisi (19) eine märchenhafte Unterwelt: die berühmte Adelsberger Grotte, das zweitgrößte Höhlensystem der Welt. Franz Joseph geht zu Fuß, für die Kaiserin und ihre Hofdamen hat man Tragesessel vorbereitet. Die Schauplätze sind mit Tausenden Lämpchen beleuchtet. Der Weg führt, stufenlos auf einer einzigen Ebene, in riesige Hallen, wo die Natur in Jahrmillionen gigantische Tropfsteingebilde geformt hat, aus nur zwei Zutaten: Wasser und Kalk.

Da ist sogar ein Tanzsaal, wo jeden Pfingstmontag ein Fest gefeiert wird. Überall in der Unterwelt sind Ähnlichkeiten mit Gegenständen aus der Oberwelt zu erkennen: ein Vorhang, der Mailänder Dom, der Schiefe Turm von Pisa, die Arche Noah, der heilige Antonius von Padua oder die Mariazeller Gnadenmadonna. Der sachkundige Führer weiß alle »Naturmerkwürdigkeiten« zu benennen. Eine kurz vor dem hohen Besuch entdeckte Halle heißt »Franz-Joseph-und-Elisabeth-Grotte«. Noch nicht von den Pechfackeln der Gäste geschwärzt, strahlen die Stalagmiten und Stalaktiten hier in gleißendem Weiß, in Gelb- und Orangetönen. Sisi ist überwältigt.

Über 500 Jahre hinterlassen Menschen im Kalkstein ihre Namen, das älteste Graffito stammt aus 1343, lange vor der Öffnung der Höhle für Touristen im Jahr 1819. Besonders prominenten Gästen wie Kaiser Franz I. (1816) und Erzherzog Johann (1832) sind Grotten namentlich gewidmet. An Kronprinz Ferdinand (1819) erinnert ein Denkmal: »In diese Grottenhalle / Wie Zauber anzuschau'n / Wo aus dem Tropfenfalle / Sich mächt'ge Säulen bau'n / Trat ein aus fernem Land / Manch hoch Erhab'ner schon / Vor allen FERDINAND / Der hohe Kaiserssohn.«

Sisi und Franz Joseph tragen sich in das noch jungfräuliche Gästebuch ein, das *Goldene Buch*. Dann geht es mit der Bahn zurück nach Wien, mit kurzer Unterbrechung in Laibach, wo die große Kaiserreise durch die südlichen Kronländer im November 1856 begonnen hat.

Adresse SLO-6230 Postojna, Jamska cesta 30 | Anfahrt und Öffnungszeiten www.postojnska-jama.eu | Tipp Wenige Kilometer entfernt thront in einer 123 Meter hohen Felswand die größte Höhlenburg der Welt, die faszinierende 800-jährige Burg Predjama.

92 Das Elisabeth-Bad

Eine würdige Gedenkstätte für die Kaiserin

Am 16. Juni 1892 ist Sisi mit dem Hofzug angereist, bis Anfang Juli wird sie bleiben. Ihre Begleiter sind der Vorleser Christomanos und Gräfin Festetics, die dem Kaiser brieflich über die Kur-Fortschritte seiner Gemahlin berichtet. »Die so lange ersehnten Nachrichten von Dir beruhigen mich aber leider gar nicht, da Du blaß und fatiguirt aussehen sollst, wieder zu viel Bewegung machst und zu wenig ißt. Hoffentlich wird Ischl gut machen, was Carlsbad verdorben hat.« So lautet die doppelt gefilterte Botschaft. Wie Sisi die Kur wirklich bekommt? Das werden wir wohl nie erfahren.

Franz Joseph steigt stets im feudalen, palastartigen Grandhotel Pupp ab, seine Frau hingegen wählt für ihren einzigen längeren Aufenthalt in Karlsbad die Vila Tereza, bescheiden und etwas abseits gelegen. Von hier spaziert sie in wenigen Minuten hinunter ins Tal zum Spa Lázně III, wo sie täglich gewissenhaft ihre Kurbäder nimmt. So wie schon Karl IV., der den nach ihm benannten Kurort 1349 gegründet und – wenn man der Legende Glauben schenkt – überhaupt erst entdeckt hat. Auf einer Pirschjagd im Tepltal sei er auf ein dampfendes Loch gestoßen, in dem Wasser sprudelte. Er habe seinen verletzten Fuß darin gebadet, und siehe da: Die Wunde sei geheilt! Vermutlich ließ er das Wasser etwas abkühlen, denn es ist mit 73,2 Grad das heißeste Heilwasser Europas. Die medizinische Wirkung verdankt es seinem hohen Gehalt an 40 verschiedenen Mineralstoffen.

Franz Joseph lässt 1906 zur Erinnerung an Sisis Kuraufenthalt ein wunderschönes Kurhaus errichten, das ihren Namen trägt – beinahe ein Schloss. Der Wiener Architekt Franz Drobny, seit 1905 Karlsbader Stadtbaudirektor, hat es im späthistoristischen neobarocken Stil entworfen. Man kann dort bis heute Kurbäder nehmen, im Hallenbad schwimmen oder vom charmanten Spa-Café im ersten Stock, vormals »Caffé Sissi«, bei einem Kaffee den prachtvollen Smetana-Park bewundern.

Adresse CZ-36001 Karlovy Vary, Smetanovy sady 1145, Alžbětiny Lázně | **Öffnungszeiten** www.spa5.cz | **Tipp** Vom Grandhotel Pupp, wo der Kaiser logierte, führt eine Standseilbahn zum beliebten, 1914 eröffneten Aussichtsturm Diana (www.karlovyvary.cz/de/aussichtsturm-diana).

93_Die Marktkolonnade

Gänsewein im Gänsemarsch

Unterhalb des Schlossturms von Karlsbad errichtete das Wiener Architektenduo Fellner & Helmer 1883 eine Holzkolonnade im Schweizerstil, mit üppigen Schnitzereien verziert und weiß lackiert. Eine der drei Quellen, die im Inneren sprudeln, ist die Karlsbader Urquelle, die Karl IV. 1349 auf der Jagd entdeckt haben soll.

Sisi logiert im Juni 1892 in der Vila Tereza auf dem Burghügel. Die Markt- oder Schlosskolonnade ist die für sie am nächsten liegende Trinkhalle. Neben einer Badekur gegen ihre Gelenkschmerzen macht Sisi auch eine Trinkkur, ist das Karlsbader Wasser doch berühmt für seine wohltuende Wirkung bei Magen-Darm-Beschwerden aller Art, unter denen Sisi leidet. Diszipliniert hält sie sich an die Anweisungen ihres Arztes. Natürlich kann sie nicht aus jeder beliebigen der 14 Mineralquellen trinken, nur aus der ausdrücklich verordneten. Denn jede Quelle hat andere Wirkstoffe und eine andere Temperatur.

Die Trinkkur wird nach einem festgelegten Ritual feierlich zelebriert. Zunächst erwirbt man ein speziell geformtes Schnabelgefäß aus Porzellan oder Glas. Dieses befüllt man direkt an der verordneten Austrittsquelle mit Wasser – nur so kann es seine Heilkraft voll entfalten. Sodann trinkt man es in winzigen Schlückchen, und zwar nicht im Stehen oder gar im Sitzen, sondern während man die Kolonnaden auf und ab wandelt. Wie oft und zu welchen Tageszeiten man was zu trinken hat, entscheidet der Kurarzt. Wichtig sind eine gute seelische Verfassung sowie eine ruhige, entspannte Atmosphäre. Keinesfalls darf man also andere Kurgäste stören.

Und so bietet sich in Karlsbad, damals wie heute, vom frühen Morgen bis zum späten Abend ein faszinierendes Schauspiel. Kurgäste schreiten gemessenen Schrittes im Gänsemarsch die Kolonnaden auf und ab, an den langen Schnäbeln ihrer Trinkgefäße nippend, in denen sich der kostbare Gänsewein befindet – schweigend, ja beinahe andächtig.

Adresse CZ-36001 Karlovy Vary, Tržiště | **Öffnungszeiten** frei zugänglich | **Tipp** Es lohnt sich, ein kultisches Schnabelgefäß zu erwerben, es zu befüllen und sich unter die trinkend wandelnden Kurgäste zu mischen. Zum Beispiel in der zwischen 1871 und 1881 erbauten Mühlbrunnenkolonnade. Die Vila Tereza (ulice Zámecký vrch 32) ist heute Teil des Hotelkomplexes Bristol.

94__Die Stephaniewarte

Spaziergänge über Stock und Stein

Karlsbad, Juni 1892. Als Ergänzung zur Trink- und Badekur empfehlen die Kurärzte Bewegung an der frischen Luft auf gepflegten Spazierwegen, die man in den umliegenden bewaldeten Hügeln seit Beginn des 19. Jahrhunderts angelegt hat. Sie führen zu besonders schönen Blickpunkten und Sehenswürdigkeiten, zum Beispiel zu der am 21. Juli 1989 eingeweihten Stephaniewarte. Sisis Schwiegertochter Stephanie von Belgien hat den Bau angeregt, weil ihr die Aussicht an diesem Ort mit dem kuriosen Namen »Höhe des Ewigen Lebens« so gut gefiel.

Der 39 Meter hoch aufragende pseudogotische Backsteinturm nach Plänen von Ferdinand Fellner und Hermann Helmer ist pompös und etwas theatralisch geraten und trifft vielleicht nicht ganz Sisis Geschmack. Doch der Aussichtsturm ist für sie ohnehin nur eine von mehreren Stationen auf ihrem täglichen Spaziergang. Allmorgendlich pflegt sie nach ihrem Mineralwasserbad im Spa III zu diesem aufzubrechen. Wobei *Spaziergang* mehr als untertrieben ist. Denn die etwa 20 Kilometer, für normale Kurgäste in leicht verdauliche Etappen portioniert, bewältigt Sisi in einem Stück! Scheinbar mühelos und mit elastischem Gang wandert sie über Stock und Stein hügelauf und hügelab: vom *Lázně III* zu den *Drei Kreuzen*, weiter zur Stephaniewarte und auf den Veitsberg, hinunter nach Březová, aufwärts zum Aberg und über Svatý Linhart und den Schlossberg zurück zur Vila Tereza.

Begleitet wird Sisi von ihrem Vorleser Christomanos oder von ihrer Hofdame Gräfin Festetics, die solche Gewaltmärsche allerdings gar nicht schätzt. Angeblich heftet sich ganz geheim auch stets ein Detektiv an ihre Fersen. Er soll später ein Verdienstkreuz für besondere körperliche Ausdauer bekommen haben.

Der Spaziergang durch den Laubwald ist märchenhaft. Den schönsten Blick auf Karlsbad und das Teplá-Tal hat man, wenn man, so wie einst Sisi, die 165 Stufen zur Aussichtsplattform erklimmt.

Adresse CZ-36001 Karlovy Vary, Výšina věčného života | ÖPNV von Tržnice Bus 8, Haltestelle Pod Hůrkami, dann Gogolweg folgen | Öffnungszeiten www.karlovyvary.cz/de/aussichtsturm-goethe-aussicht | Tipp Weil Goethe den Kurort 13-mal besuchte und oft hier wanderte, wurde die Warte in Goethe-Turm umbenannt. »Auf der Welt gibt es nur drei Orte, an denen ich leben möchte: Weimar, Rom und Karlsbad.«

95 Das Gestüt Kladruby

Die Kutschpferde der Kaiser und Könige

Etwa 25 Kilometer westlich von Pardubitz liegt eines der ältesten Gestüte der Welt. Rudolf II. hat es 1579 zum Hofgestüt ernannt. Eingebettet in die einzigartige Landschaft des Elbtals werden seit mehr als 400 Jahren die Altkladruber gezüchtet und für ihren Einsatz als königliche Kutschpferde mit größter Sorgfalt geschult. Die Schimmel sind für weltliche Zwecke bestimmt, Rappen für kirchliche. Unnachahmlich geschmeidig, in harmonischem Gleichklang ziehen sie bis heute prunkvolle Kutschen an Königshöfen, zum Beispiel in Schweden und Dänemark.

Als Sisi (36) und Franz Joseph (44) im November 1874 auf Einladung des Parforce-Vereins an Jagden in Pardubitz teilnehmen und eines der ersten Steeplechase-Rennen besuchen, wohnen sie wieder in dem zum Gestüt gehörigen Schloss. Der ganze erste Stock steht allzeit für den Kaiser und seine Familie bereit. Schon auf ihrer ersten Reise durch Böhmen und Mähren im Juni 1854 an der Seite ihres frisch angetrauten Gatten hat Sisi hier Station gemacht und sich in der ländlichen Abgeschiedenheit von den Strapazen ihrer noch ungewohnten offiziellen Auftritte erholt. Das Schloss ist klein und gemütlich und verfügt über zwölf Gemächer und Salons, einfach ausgestattet, ganz in Sisis Sinn. Der einzige Luxus ist eigentlich eine dienstliche Notwendigkeit: eine Telegrafenstation, die diesmal extra für den kaiserlichen Besuch eingerichtet worden ist.

Die Zeit scheint stillzustehen an diesem wunderbaren Ort. Unwillkürlich wird man ins 19. Jahrhundert versetzt, wenn man durch das Schloss mit seinem originalen Mobiliar, den liebevoll arrangierten Alltagsgegenständen, Familienfotos und Gemälden schlendert – als ob Sisi und Franz jederzeit vorbeischauen könnten. Die edlen Kladruber darf man in ihren schönen Stallungen bewundern und zusehen, wie elegant sie ihre Kutschen ziehen. Man kann sogar selbst eine Kutschfahrt machen – ein wahrhaft königliches Gefühl!

Adresse CZ-53314 Kladruby nad Labem 1 | Anfahrt und Öffnungszeiten www.nhkladruby.cz | Tipp Empfehlenswert ist die etwa fünf Kilometer lange Wanderung durch die wunderbare denkmalgeschützte Landschaft des Kladruber Elbgebiets. Der Rundweg beginnt beim Schloss.

96 Die Steeplechase-Rennbahn

Das härteste Hindernisrennen der Welt

Am 5. November 1874 wird im böhmischen Pardubitz erstmals das legendäre *Velká Pardubická* ausgetragen, das härteste Hindernisrennen der Welt. Vier adelige Mitglieder des Parforce-Vereins – Max Graf Ugarte (23), Emil Prinz Fürstenberg (49), Octavian Graf Kinsky (61) und Egon Maximilian von Thurn und Taxis (42) – sind die Veranstalter und haben das Kaiserpaar dazu eingeladen.

Sisi trifft am Sonntagmorgen, den 8. November 1874, aus Gödöllő auf Schloss Kladrub bei Pardubitz ein, wo Franz Joseph sie bereits erwartet. Für das *Velká Pardubická* ist sie zu spät. Der sechsjährige Braune Fantome hat es gewonnen, mit dem britischen Jockey George Sayers, der 8.000 Gulden kassiert, während so mancher Teilnehmer am halsbrecherischen Taxis-Graben gescheitert ist. Für Donnerstag ist ein weiteres Rennen geplant, dem Sisi beiwohnen will. Doch eigentlich reitet sie am liebsten selbst. Und so organisieren die vier sportlichen Adeligen rund um Pardubitz täglich Parforce-Jagden, die Pferde und Reiter vor ähnliche Aufgaben stellen wie ein Steeplechase – nur dass man Hirsch und Reh nachjagt statt Ruhm und Preisgeld. Ursprünglich jagte man: Steeples, also: Kirchtürme! Man ritt von Turm zu Turm, querfeldein, mit waghalsigen Sprüngen über Mauern, Hecken und Gräben.

Der Parforce-Verein will dem Kaiserpaar etwas Besonderes bieten. Am ersten Tag trifft man sich auf einer Anhöhe bei Sezemitz. Die Sonne bahnt sich ihren Weg durch den Nebel, das Gewimmel von Reitern, Hunden, Wagen, Pferden und Menschen ist unbeschreiblich malerisch. Der Kaiser reitet einen Falben, die Kaiserin einen feurigen Vollblut-Schimmel. Ein prachtvoller Sechzehnender wird ausgesetzt, die Jagdteilnehmer hetzen ihn über Hindernisse durch Wald und Flur, bis der Hirsch in Rossitz unversehrt eingefangen wird.

Sisi ist fasziniert. Hier in Böhmen beginnt ihre Reitleidenschaft und ihr Aufstieg zu einer der besten Reiterinnen der Monarchie.

Adresse CZ-53002 Pardubice, Pražská 607 | **Anfahrt und Öffnungszeiten** www.zavodistepardubice.cz | **Tipp** Das weltberühmte Velká Pardubická findet alljährlich am zweiten Wochenende im Oktober statt – ein wahres Volksfest und echtes Erlebnis, das man nicht versäumen sollte. Sehenswert ist auch die Altstadt mit dem herrlichen Renaissanceschloss.

97 Das königliche Theater

Sisi und »Das Salz der Ehe«

Brünn, 1. Juni 1854. Die mährische Hauptstadt kann ihr Glück kaum fassen. Als erste Provinzstadt wird ihr »das unschätzbare Glück zuteil, die jugendliche Kaiserin zu bewillkommnen«. Und das drei Tage lang! Die Majestäten, die Wien um neun Uhr mit der Kaiser-Ferdinand-Nordbahn verlassen haben, treffen zu Mittag ein. Das Wetter ist kaiserlich. Brünn ist mit Blumen und Fahnen geschmückt. Die abendlichen Illuminationen sind bis ins Detail geplant, ebenso die Ehrbezeugungen von Honoratioren und Vertretern verschiedener Berufsgruppen. Das junge Kaiserpaar fährt zum Statthalter-Palast und bezieht seine Appartements.

Auf ihrer ersten Reise als Kaiserin hat Sisi (16) keine Minute für sich. Wenn Franz Joseph nicht an ihrer Seite ist, wird sie von Oberst-hofmeisterin Esterházy (56) begleitet oder vielmehr: beaufsichtigt. Schon entlang der Bahnstrecke sind Menschen Spalier gestanden, um ihr zuzujubeln. Am nächsten Tag wird sie im Augarten bei einem Volksfest in der Menschenmenge baden: Jeder will sie sehen, womöglich berühren. Das überwältigende Interesse schmeichelt ihr und bereitet ihr zugleich Unbehagen.

Abends um acht Uhr begibt man sich ins Theater am festlich beleuchteten Krautmarkt. Wolfgang Amadeus Mozart hat hier elfjährig ein Konzert gegeben. Sisi betritt die Hofloge in einem rosa Kleid mit Spitzen-Enveloppe; ihr Kopfputz ist einfach, mit Brillanten geschmückt. Franz Joseph trägt seine k. k. Galauniform. Auf dem Programm steht »Das Salz in der Ehe« von Karl August Görner, ein dramatischer Scherz für drei Personen in einem Akt. Die weibliche Hauptfigur heißt Elise, auch Lieschen genannt. Für Sisi sind die *drei Jubeltage* in Brünn nur der erste Akt einer Ehe, in der es mehr Ernst als Spaß geben wird – und sehr viel Salz. Doch das weiß sie noch nicht. Die Festvorstellung beginnt. Gebannt verfolgt sie das Geschehen auf der Bühne, unter den verliebten Seitenblicken ihres Ehemanns.

Adresse CZ-60200 Brno-střed, Zelný trh 313 | **Öffnungszeiten** Theater: www.ndbrno.cz; Restaurant: www.efihostinec.cz/zelnak | **Tipp** Vom gotischen Rathausturm (Radnická 8) hat man einen tollen Blick auf die Stadt und das Reduta-Theater. Neben dem Statthalter-Palast am Moravské náměstí, wo sie logierten, besuchten Sisi und Franz in der Thomas-Kirche die Messe.

98 Der Blumengarten

Traum und Wirklichkeit

Dass Sisi den Kaiser zur Kaiser-Entrevue nach Kremsier begleitet, hat nicht nur staats-, sondern auch familienpolitische Gründe. Sie möchte im Herbst eine große Reise in den Orient unternehmen und Franz Joseph milde stimmen. Und sie will hier, auf neutralem Boden, einen lang gehegten Plan in die Tat umsetzen: ihm eine Gefährtin vermitteln, die sich während ihrer Abwesenheit um seine Bedürfnisse kümmert. Er hat ein Auge auf die Burgschauspielerin Katharina Schratt (32) geworfen – die Idealbesetzung für die von Sisi für sie vorgesehene Rolle.

Katharina reist mit vier Kollegen an, um am Abend des 25. August 1885 für das Zarenpaar ein Stück aufzuführen. Der Kaiser ist hingerissen. Und dann sind die Künstler nach der Vorstellung noch zur Hoftafel eingeladen! Fast ein Skandal, findet Kronprinz Rudolf. Doch Sisi legt damit den Grundstein zu einer Art Freundschaft mit Katharina, wodurch das berühmte, erstaunlich hoffähige Beziehungsdreieck entsteht. Genial.

Kein Wunder, dass manchen Biografen die Phantasie durchgeht. Man habe den »Sommernachtstraum« aufgeführt, Sisis Lieblingsstück, in einem Heckentheater des mit Fackeln beleuchteten Lustgartens, in einer schwülen Sommernacht. Katharina in der Rolle der Hermia – entzückend! Nicht nur der Kaiser, auch der Zar habe sich in sie verliebt. Später habe man in der herrlichen Sala Terrena des Schlosses getafelt, Katharinas Platz sei zwischen dem Kaiser und dem Zaren gewesen. Als Höhepunkt – ein Feuerwerk von Anton Stuwer inszeniert. Am späten Abend: ein sehr privates Gespräch zwischen der Kaiserin und der Schauspielerin.

Die Wirklichkeit ist prosaisch: Im notdürftig adaptierten, stickig düsteren Lehenssaal wird ein unbedeutendes Stück aufgeführt, und das Souper findet drinnen statt. In der Sala Terrena mit Zugang zum Garten tafeln die Suiten der hohen Herrschaften. Und Sisis Gespräch mit der künftigen *Freundin*? Bleibt ein Geheimnis.

Adresse CZ-76701 Kroměříž, Generála Svobody 1192 | Anfahrt und Öffnungszeiten www.kvetnazahrada-kromeriz.cz | Tipp Den Namen hat der Garten wegen der aus Buchsbaum geformten Blumen. In der Rotunde, 1668 von Giovanni Pietro Tencalla errichtet, gibt es unter anderem vier Grotten, mit farbigem Stuck, Mosaiken, Steinen und Muscheln aus einem Brünner Teich gestaltet.

99 Das Schloss Kremsier

Kaiserliche Entrevue mit Damenprogramm

Als Sisi (46) am 24. August 1885 in Begleitung des Kaisers (55) und des Kronprinzen Rudolf (27) mit dem Hofzug in Kremsier ankommt, ist sie nur Nebendarstellerin auf der Bühne der hohen Politik. Sie hat keine große Freude an offiziellen Auftritten dieser Art, doch ist sie stets an Franz Josephs Seite, wenn es ihr wirklich wichtig erscheint. Bei dieser Kaiser-Entrevue geht es darum, die Beziehung zu Zar Alexander III., Sohn des bei einem Attentat getöteten Alexander II., zu verbessern. Seit dem Krimkrieg 1854, als Österreich sich gegen Russland stellte, ist das Verhältnis nachhaltig getrübt, allen diplomatischen Bemühungen zum Trotz.

Der Zar soll sich in diesem Schloss wohlfühlen: ein Renaissance-Bau, im 17. Jahrhundert barock erneuert, umgeben von einem herrlichen Landschaftspark. Für das Kaiserhaus Österreich hat der Ort historische Bedeutung. 1848 nämlich, nach der Niederschlagung des Wiener Oktoberaufstandes, flüchtete der gesamte Wiener Hof nach Kremsier. Am 22. November 1848 tagte der konstituierende Reichstag. Den Verfassungsentwurf, der die Habsburger Monarchie in einen föderalistischen Staat umwandeln sollte, wies Kaiser Ferdinand zurück. Am 2. Dezember dankte er ab. Der 18-jährige Franz Joseph wurde im nahen Olmütz zum Kaiser gekrönt. Auch er verabsäumte es, die Weichen neu zu stellen.

Zar Alexander, seine Ehefrau Maria Fjodorowna und Sohn Nikolaus werden am 25. August 1885 mit allen Ehren empfangen. Das mährische Städtchen ist festlich herausgeputzt, das Schloss für den hohen Besuch adaptiert. Über das fünfstündige Vier-Augen-Gespräch zwischen Franz Joseph und Alexander gibt es keine Aufzeichnungen. Sisi und Maria Fjodorowna absolvieren inzwischen ein Damenprogramm. Einzelheiten sind nicht bekannt. Ob sie die Bibliothek besichtigen? Und den entzückenden *Jardin de plaisir* mit der verspielt eleganten Rotunde im Zentrum, die sie mit Scherzfontänen überrascht?

Adresse CZ-76701 Kroměříž, Sněmovní náměstí 1 | **Anfahrt und Öffnungszeiten** www.zamek-kromeriz.cz | **Tipp** Im Schlosspark, als Landschaftsgarten mit Teichen und Brücken angelegt, kann man freilaufende Pfauen und jahrhundertealte Bäume bewundern. Sehenswert: die Sala Terrena mit phantastischen Stuckaturen, die Bibliothek mit wertvollen Musikhandschriften und die zweitwichtigste Gemäldegalerie Tschechiens.

100 Die Liechtenstein-Gruft

Versöhnliches Ende eines strengen Regiments

Wranau, Juli 1869. In der Liechtenstein'schen Familiengruft hoch über Wranau bei Brünn wird Sophie Esterházy-Liechtenstein (72) zu Grabe getragen. Der Empire-Bau ist 1813 an die Klosterkirche angebaut worden, die Maximilian von Liechtenstein 1633 gestiftet hatte. Den Eingangskorridor in die Welt der Toten säumen expressive Steinfiguren von Josef Klieber, dem berühmten Wiener Bildhauer. Das Begräbnis ist ein Ereignis, sogar das österreichische Kaiserpaar ist angereist. Für Sisi (31) hat dieser Tag eine sehr persönliche Bedeutung.

Bad Ischl, April 1853. Sophie, engste Vertraute von Sisis Tante und künftiger Schwiegermutter, gratuliert als eine der Ersten zur Verlobung. Mit ihren 56 Jahren könnte sie Sisis Großmutter sein. Die früh Verwitwete, kinderlos und sittenstreng, wird zu Sisis Obersthofmeisterin ernannt. Doch eigentlich ist sie ihre Gouvernante und überwacht unerbittlich jeden Schritt der jungen Kaiserin. Für Sisis Freiheitsdrang zeigt sie kein Verständnis. Die Bevormundung beginnt im April 1854, als die Jungvermählten ihre Flitterwochen im Lustschloss Laxenburg verbringen. Auf der ersten offiziellen Italienreise 1857 drillt Sophie die junge Kaiserin immer noch in kaiserinnenhaftem Benehmen, pocht auf strikte Einhaltung der Hofetikette und erstattet der Erzherzogin akribisch Bericht, als deren verlängerter Arm. Erst 1862, also acht Jahre nach ihrer Hochzeit, ist Sisi mutig und selbstbewusst genug, sich aus Sophie Esterházy-Liechtensteins Fesseln zu befreien – und damit aus denen ihrer Schwiegermutter.

Das Begräbnis in Wranau beginnt mit einem Gottesdienst in der wunderschönen frühbarocken Marienkirche. Der Architekt Giovanni Giacomo Tencalla war auch mit der Barockisierung von Schloss Valtice betraut, einem Liechtenstein'schen Stammschloss. Sisi wird die Gruft danach nie wieder besuchen. Ein schmerzhaftes Kapitel ihres Lebens ruht hier – in Frieden.

Adresse CZ-66432 Vranov u Brno, Vranov 7 | Öffnungszeiten Kirche tagsüber zugänglich, Gruft nur von außen zu sehen | Tipp Das Renaissanceschloss Blansko beherbergt das höchst interessante Museum der Eisenkunstgießerei, die zu Sisis Zeiten ihre Hochblüte erlebte. In der ganzen Monarchie, vor allem in Wien, finden sich Plastiken, Kandelaber und dekorative Bauteile aus Blansko.

101 Der Burgpalast

Budavári Palota, ein Ort der Höhen und Tiefen

Béla IV. ließ im 13. Jahrhundert auf dem schmalen Bergplateau über der Donau die erste Burg bauen – eigentlich eine vollständige kleine Stadt. Unter König Matthias Corvinus in einen prächtigen Renaissancepalast verwandelt, fiel sie 1686 den Türken zum Opfer. Erst 100 Jahre später stand an seiner Stelle wieder ein Schloss, groß, wohnlich, barock – errichtet auf Geheiß von Maria Theresia, die 1741 zur ungarischen Königin gekrönt wurde, allerdings in Bratislava.

Am 8. Juni 1867 werden Franz Joseph und Sisi in der Matthias-Kirche zu König und Königin von Ungarn gekrönt, zehn Jahre nach dem Tod ihrer zweijährigen Sophie in der Burg. Das Land ist nun endlich ein selbstständiger Staat, dem *Ausgleich* sei Dank. Die Burg als Regierungssitz muss nun dringend erweitert werden. Miklós Ybl plant eine typisch historistisch harmonisierende Lösung: Das barocke Schloss wird neobarock gespiegelt und bis in die 1890er Jahre zu einem gigantischen Palast ausgebaut, Reithalle inklusive. Sisi hält sich oft und gern in der Burg von Buda auf, das inzwischen mit dem Stadtteil Pest vereinigt ist. Am liebsten in ihren Gemächern mit Blick auf die Budaer Berge oder im mittelalterlichen Garten.

Anlässlich der Feierlichkeiten zum 1.000-jährigen Bestehen Ungarns zeigt sich die Kaiserin »ihren Ungarn« zum letzten Mal. Am 30. April 1896 trifft sie in der Burg ein und eröffnet am 2. Mai an Franz Josephs Seite die Millenium-Ausstellung. Es fällt ihr schwer. Sehr schwer. Alles erinnert sie an Rudolf und die letzte Feier, die sie mit ihm besucht hat. Am 8. Juni wohnt sie dem Empfang des ungarischen Reichstags bei. »Dort sitzt sie im Thronsaal der königlichen Burg in ihrem schwarzen, mit Spitzen durchwirkten ungarischen Gewand. Alles, alles an ihr ist düster. Eine Mater dolorosa.« Als der Präsident ihren Namen erwähnt, braust ein »Éljen« auf, wie die Burg es noch nie gehört hat. Ein kurzer, tröstlicher Augenblick.

Adresse HU-1014 Budapest, Szent György tér 2 | **ÖPNV** Bus 16 | **Öffnungszeiten** frei zugänglich, Infos unter www.budacastlebudapest.com | **Tipp** Im 1806 im Empire-Stil erbauten Palais Sándor neben dem Burgpalast residierte Gyula Andrássy nach dem Ausgleich 1867. Sisi soll ihn dort nach Vorstellungen im nahen Schlosstheater besucht haben. Heute ist das Palais Sitz der ungarischen Präsidentin.

102 Das Café Gerbeaud

Die besten Kuchen von Pest

Am 15. Dezember 1872 fährt Sisi, von ihrer Hofdame Marie Festetics begleitet, mit der Standseilbahn *Budavári Sikló* vom Burgberg hinunter ans rechte Ufer der Donau. Hier steigen die beiden Frauen in eine Kutsche um, die sie über den Fluss bringt, auf der Kettenbrücke, die seit 1849 endlich Buda mit Pest verbindet. »Haben Sie Geld?« »Ja, Eure Majestät.« »Wie viel?« »20 Forint.« Sisi, die niemals bar bezahlt, erscheint das sehr viel.

Ziel ihres kleinen Ausflugs ist der Alte Theaterplatz, wo in der besten Konditorei von Pest Kuchen für Marie Valerie (5) gekauft werden soll. Henrik Kugler bedient die Königin, die sich unauffällig unter die Besucher gemischt hat, persönlich. Sie wird dann doch erkannt, einige Damen drohen in Ohnmacht zu fallen. »Die Königin kauft Kuchen bei Kugler für ihre *Mucika.*« Die Nachricht verbreitet sich wie ein Lauffeuer. Sisi hat ihre Wahl getroffen. »Haben wir die 20 Forint schon ausgegeben?« Es sind 150 Forint. Gott sei Dank kann Sisi anschreiben lassen. Sie kommt nun bei jedem ihrer Ungarn-Aufenthalte in Henrik Kuglers Konditorei. Denn obwohl sie auf ihre Figur achtet, liebt sie Mehlspeisen und Eis.

1884 übergibt Kugler die Leitung an seinen Partner Émile Gerbeaud, den hochtalentierten Schweizer Confiseur, den er in Paris kennengelernt hat. Mit ihm wird die Konditorei europaweit berühmt.

Zur Millenium-Ausstellung im Mai 1896 eröffnet er auf dem Festgelände den Gerbeaud-Pavillon, wo Sisi einen spektakulären, auf einem Gemälde verewigten Auftritt hat, mit ihrer Tochter Gisela. Ihr zu Ehren heißt der Alte Theaterplatz nun Gizella tér. Und vor diesem, genau vor dem Gerbeaud Ház, kann man ein neuartiges Verkehrsmittel besteigen und damit direkt zum Gerbeaud-Pavillon fahren: die U-Bahn. Franz Joseph hat die extra für die Ausstellung errichtete Földalatti, die erste U-Bahn auf dem Kontinent, als einer der Ersten benützt. Ob auch Sisi damit gefahren ist? Das weiß leider niemand.

Adresse HU-1051 Budapest, Vörösmarty tér 7 | ÖPNV M 1, Station Földalatti | Öffnungszeiten www.gerbeaud.hu | Tipp Vor dem Gerbeaud gibt es alljährlich einen wunderschönen Weihnachtsmarkt, ebenso auf dem Platz vor der Szent István Bazilika. Zu empfehlen: eine Fahrt mit der Budavári Sikló auf den Burgberg (Clark Ádám tér).

103 Der Elisabeth-Turm

Traumblick auf Budapest und die Budaer Berge

Endlich ist das lang geplante Bauwerk fertig – zumindest fast. Noch fehlen Glasfenster, Innenverkleidung und Teile der Außenfassade. Doch das tut der Begeisterung der Budapester keinen Abbruch. Am 8. September 1910 um elf Uhr eröffnen Kanonenschüsse die Einweihungszeremonie. Oben blasen Herolde in ihre Hörner, die unten versammelten Festgäste stimmen die ungarische Hymne an. Der Bürgermeister hält eine ergreifende Rede. Die allseits verehrte Königin Elisabeth habe diesen schönen Ort mehrfach besucht. Und so sei zu ihrem Angedenken dieser Turm aus Stein errichtet worden, auf dem János-hegy, dem höchsten Punkt von Budapest, in 528 Metern.

Genug geredet! Die Tore öffnen sich, die Besucher strömen über die gewundene Treppe zu den vier Aussichtsplattformen des 23,5 Meter hohen Erzsébet-kilátó. Von der kleinen ganz oben hat man den besten Blick auf die Stadt, die Donau, die Budaer Hügel und den Budakeszi-Wald. Inzwischen wird auf dem Vorplatz das Galadiner für die Festgäste angerichtet. Selbstverständlich ist auch der Architekt dabei, Frigyes Schulek, der 1905 im selben Stil der Neoromanik die Fischerbastei entworfen hat, anstelle der mittelalterlichen Festung.

Als Sisi am 30. April 1882 auf den János-hegy spaziert, steht hier nur eine bescheidene Gloriette – ein Aussichtsturm aus Holz. Doch selbst von diesem ist sie so begeistert, dass sie ihn im selben Jahr noch zweimal aufsucht, am 10. Mai und am 9. Oktober. 1882 gibt sie plötzlich das exzessive Reiten auf, um von nun an ebenso exzessiv spazieren zu gehen. Täglich marschiert sie stundenlang, wo auch immer sie sich aufhält. Im Jahr vor ihrem tragischen Tod, im Oktober 1897, kommt sie zum letzten Mal auf ihren geliebten János-hegy. Ein Gedenkstein mit einem Text von Károly Szász erinnert an sie. »Hier stand unsere liebe Königin Elisabeth, blickte auf unser Land, spürte seine Seele und fühlte seinen Herzschlag.«

Adresse HU-1121 Budapest, Erzsébet kilátó út | ÖPNV Bus 20, Haltestelle Csillagvizsgáló oder Sessellift ab Zugligeti út 97 | Öffnungszeiten Sonnenaufgang bis Sonnenuntergang | Tipp Der weitläufige János-hegy ist eines der beliebtesten Ausflugsziele der Budapester. Man kann dort picknicken oder sich bei einem Kiosk laben.

104_Die Matthiaskirche

Krönender Abschluss einer diplomatischen Mission

Ofen, 8. Juni 1867. Sisi (29) ist am Ziel ihrer Träume, am Höhepunkt ihrer Schönheit, am Gipfel ihrer Beliebtheit beim ungarischen Volk. Um sieben Uhr morgens bewegt sich ein prächtiger Zug von der Burg zur Matthiaskirche, wo das österreichische Kaiserpaar zum Königspaar von Ungarn gekrönt wird. Franz Joseph in ungarischer Marschalluniform reitet vor Elisabeth, die im goldenen Imperialwagen sitzt.

Die Krönungszeremonie beginnt. Ministerpräsident Gyula Andrássy übergibt die Stephanskrone an den Fürstprimas, der sie Franz Joseph aufs Haupt setzt: »Accipe corona regni. Éljen a király!« Elisabeth wird mit der Hauskrone gekrönt. Die Stephanskrone hält der Fürstprimas nur symbolisch über sie, ehe er sie wieder dem frischgebackenen König aufsetzt. Zu alldem wird die Krönungsmesse von Liszt Ferenc uraufgeführt.

Hier, an diesem geschichtsträchtigen Ort, ließ Stephan I. der Heilige, der erste König des katholischen Königreichs Ungarn, 1015 eine Kirche bauen. Auf ihren Mauern errichtete man eine romanische, später gotisierte Basilika, die Matthias Corvinus im 15. Jahrhundert im Renaissancestil umgestalten ließ. 1541 wurde Ofen von den Türken erobert, und die Kirche war 150 Jahre: eine Moschee. Erst 1687 befreite das kaiserliche Heer aus Wien Ofen aus der Herrschaft der gottlosen Osmanen. Oder vielmehr: Die Habsburger eroberten Ofen und erhoben sich selbst, mit Zustimmung des Reichstags, zu erbberechtigten Königen. Die Matthiaskirche wurde im Stil des Barock neu gestaltet und neu geweiht.

Und genau so erlebte Sisi die Kirche am Krönungstag. Die uns heute vertraute neogotisierte Gestalt mit dem goldbunten, byzantinisch anmutenden Innenleben verpasste Architekt Frigyes Schulek ihr erst Jahre später und ergänzte sie 1905 mit der Fischerbastei und der Reiterstatue Stephans I. Das romantische Kirchen-Gesamtkunstwerk wird Sisi erst nach seiner Fertigstellung im Herbst 1893 bewundern können.

Adresse HU-1014 Budapest, Szentháromság tér 2 | **ÖPNV** Bus 16 | **Öffnungszeiten** www.matyas-templom.hu | **Tipp** In der Biedermeier-Konditorei Ruszwurm, die 1867 die süße Dekoration für das Krönungsdiner zauberte, genießt man köstliche österreichisch-ungarische Mehlspeisen. Die Stephanskrone ist im neogotischen Parlament zu besichtigen (www.parlament.hu).

105 Der Nyugati-Bahnhof

Die Ferne rückt näher

Im Mai 1857 reist Sisi zum ersten Mal von Wien nach Budapest, Ausgangspunkt der offiziellen Ungarnreise des jungen Kaiserpaares. Mit Franz Joseph, Sophie (2) und Gisela (10 Monate) trifft sie am 4. Mai auf der Donau-Dampfyacht *Adler* ein. Die Fahrt hat zwölf Stunden gedauert. Danach kommt Sisi fast immer mit der Eisenbahn, die seit 1848 zum Pester Bahnhof fährt. Obwohl auf der Ostseite der Donau im nördlichen Teil der Stadt gelegen, heißt er *Nyugati* – Westbahnhof.

Sisi mag Bahnfahrten nicht besonders, sie fühlt sich in ihrem Bewegungsdrang gebremst. Doch die enorme Zeitersparnis schätzt sie sehr. Erst der rasante Ausbau des Schienennetzes ermöglicht es ihr, in kürzester Zeit von einem Ende Europas zum anderen zu reisen. Von Gödöllő, wo Sisi nach dem Ausgleich mit Ungarn 1867 sehr oft sehr viel Zeit verbringt, ist es nur ein Katzensprung zum Nyugati-Bahnhof – und weiter in die ganze Welt.

1875 wird nach einem internationalen Wettbewerb kein Geringerer als der geniale französische Ingenieur Gustave Eiffel mit der Planung und Ausführung eines neuen Bahnhofs betraut. Er konstruiert die Mittelhalle luftig leicht aus blau lackiertem Stahl und Glas. Mit einer Fläche von 6.000 Quadratmetern und 25 Metern Höhe gilt Nyugati bei der Eröffnung 1877 als modernster Bahnhof Europas und fünftgrößter der Welt. Neben Schalterhallen, einem Restaurant und dem Empfangsgebäude, alles im Stil der Neorenaissance, ist natürlich auch ein prächtiger Wartesaal für die königliche Familie vorgesehen. Über dem Eingang prangt Franz Josephs Wahlspruch »Viribus unitis«. Mit vereinten Kräften.

Am 27. Dezember 1877 passiert Sisi auf ihrer Reise nach London Nyugati. Um neun Uhr abends ist sie in Gödöllő losgefahren, am 28. Dezember um drei Uhr nachmittags kommt sie in München an; nach einem Kurzbesuch bei Gisela geht es in Windeseile nach Calais und London. Reine Fahrzeit: zwei Tage. Noch nie lag die Ferne so nah.

Adresse HU-1067 Budapest, Nyugati tér 57 | **ÖPNV** M 3, Station Nyugati pályaudvar | **Öffnungszeiten** frei zugänglich | **Tipp** Eines der schönsten Sisi-Gemälde ist im Besitz des Ungarischen Nationalmuseums, wo es zeitweise präsentiert wird. Das 1846 fertiggestellte Museum war 1848 Ausgangspunkt der Ungarischen Revolution (www.mnm.hu, Múzeum körút 14–16).

106 Die Villa Kochmeister

Sisi, Gisela und Rudolf in den Budaer Bergen

Nach der vernichtenden Niederlage der österreichischen Armee am 3. Juli 1866 bei Königsgrätz bedrohen preußische Truppen Wien. Sisi bringt Gisela und Rudolf in Sicherheit. Um der sommerlichen Hitze zu entfliehen, hat sie von Baron Kochmeister eine 1852 im Schweizerstil erbaute Villa in den Eichenwäldern der Budaer Berge gemietet. Bis in den September genießt sie es, sich ganz ihren Kindern widmen zu können. Die Villa ist nicht groß, die Dienerschaft wohnt in der nahen Villa Csendilla.

Seit zwei Jahren lernt Sisi nun intensiv Ungarisch. Sie spricht es so gut, dass sie sich am 17. Jänner 1866 mühelos mit Graf Gyula Andrássy (43) unterhalten konnte. Er kam mit einer Delegation nach Wien, um sie persönlich nach Ungarn einzuladen. Ihr Interesse für Politik und Diplomatie erwachte: Ein reger Gedankenaustausch zwischen ihr und dem späteren Ministerpräsidenten begann. Und eine lebenslange Freundschaft.

Nach einem Kurzbesuch in Wien zu Franz' Geburtstag kehrt Sisi in die Burg Ofen zurück, wo am 20. August das Fest des Nationalheiligen Stephan begangen wird. Anschließend wird Rudolfs achter Geburtstag in der Villa Kochmeister (vor)gefeiert. Die »Vasárnapi Újság« berichtet ausführlich: Hunderte Menschen machen sich auf den Weg, um – in gebührender Entfernung – den Kronprinzen, Gisela und etwa 50 geladene Kinder beim Tanzen zu sehen, und später beim fröhlichen gemeinsamen Essen mit traditioneller Musik.

Franz ist indessen mit äußerst schwierigen Staatsangelegenheiten beschäftigt und sehr besorgt um seinen »geliebten Engel«. Sie schreiben einander täglich. »Sehr dankbar bin ich Dir für die genaue Beschreibung der Villa Kochmeister, die sehr hübsch sein muss. Nur freut mich die Glasthüre an Deinem Zimmer gar nicht, denn da kann man gewiß hinein sehen, wenn Du Deine Waschungen vornimmst und das ängstigt mich.« Ob der von ihm geforderte Vorhang wohl tatsächlich angebracht wurde?

Adresse HU-1121 Budapest, Budakeszi út 71, Hárshegyi út 28–30 | ÖPNV Bus 22A, Haltestelle Bölcsőde | Öffnungszeiten Privatbesitz, nur von außen vom Gelände des Külker Sportparks aus zu sehen | Tipp Die neu renovierte Villa Csendilla liegt direkt an der Budakeszi út. Zwei Busstationen entfernt startet der Sessellift zum Elisabeth-Turm auf dem János-hegy.

107 Der Zoo Budapest

Margareth oder Königin Elisabeths Giraffe

Der Budapester Állatkert ist einer der ältesten und schönsten Zoos der Welt. Ein Spaziergang auf den schmalen, verschlungenen Wegen zwischen üppig grünenden Bäumen und Sträuchern versetzt den Besucher in ein anderes Jahrhundert. 1866 gegründet und behutsam modernisiert, hat der Zoo seinen altmodischen Charakter bewahrt und ist ein echter Tier-Garten geblieben.

Gleich nachdem der Állatkert nach zweijähriger Bauzeit am 9. August 1868 eröffnet worden ist, avanciert er zu einem von Sisis Lieblingsorten in Pest. Sie liebt Tiere über alles und besucht den Zoo schon eine Woche später in Begleitung von Erzherzogin Clotilde. Direktor János Xántus persönlich führt sie herum und bringt das Thema zur Sprache, das ihm, dem weit gereisten Zoologen, besonders am Herzen liegt: die Giraffen! Ob es denn möglich wäre, seinem neuen Zoo eine von den drei Giraffen zu schenken, die sich im Besitz des Tiergartens Schönbrunn befänden? Man will eine Delegation nach Wien entsenden und eine entsprechende Bitte vorbringen. Sisi, die sich gerade in Ungarn verliebt hat, kürzt die Sache ab. Sie legt bei Kaiser Franz Joseph ein gutes Wort ein. Schon wenige Monate später kommt die Zusage, ganz ohne Bittbesuch. Eine adäquate Behausung wird geplant, und János Xántus reist nach Schönbrunn, um eine Giraffe auszusuchen. Seine Wahl fällt auf Margareth, geboren im Juli 1858 in Wien, einen Monat vor Kronprinz Rudolf.

Am 15. Mai 1868 ist es endlich so weit. Margareth kommt mit dem Dampfschiff an und wird wenige Tage später der Öffentlichkeit präsentiert. Eine Sensation! Margareth ist im zwölften von 15 Monaten schwanger. Am 18. August, Franz Josephs 38. Geburtstag, erblickt das erste Baby einer jemals in einem Zoo geborenen Giraffe das Licht der Welt.

Seit 2015 spaziert eine Dame namens Sisi durch das Giraffengehege des Állatkert. Eine zufällige Namensgleichheit – Sisi ist nämlich auch ein afrikanischer Vorname.

Adresse HU-1146 Budapest, Állatkerti körút 6–12 | ÖPNV M 1, Station Széchenyi Fürdő | Öffnungszeiten www.zoobudapest.com | Tipp Im Stadtpark steht das 1896 für das Millennium gebaute Vajdahunyad-Schloss, eine Illustration der ungarischen Architekturgeschichte, unter anderem mit Themen aus Schloss Gödöllő und vom Rathaus Bardejov.

108 Der königliche Wartesaal

Ein Ort mit Geschichte und Geschichten

Zwischen der Budaer Burg und Gödöllő liegen weniger als 30 Kilometer, da nimmt Sisi bisweilen trotz der guten Bahnverbindung ihren Vierspänner. »Hurrah! Mein schöner Viererzug, / So flink, und doch nie schnell genug, / Ihr meine weissen Tauben!« Meist aber fährt sie mit dem Hofsalonwagen auf dem »königlichen Gleis«. Im März 1867, als das Schloss dem designierten ungarischen Königspaar zum Geschenk gemacht wird, steht hier noch ein Pavillon aus Holz im Schweizerstil, für die neuen Schlossbesitzer in Windeseile gebaut. Franz Joseph kommt am 31. März erstmals hier an, um das großzügige Geschenk in Augenschein zu nehmen – allein. Er macht sich ein Bild vom Fortschritt der Renovierungsarbeiten, trifft wichtige Politiker, Graf Andrássy und Graf Wenckheim, und geht mit ihnen auf Schnepfenjagd.

Am 11. Mai begleitet ihn Sisi zum ersten Mal. In einem hinreißenden weißen Sommerkleid steigt sie vormittags aus dem Hofsalonwagen und nähert sich auf dem Weg durch den Park dem Schloss. Die Arbeiten sind in vollem Gange, das barocke Juwel, das schon dem Verfall preisgegeben war, wird vollkommen instand gesetzt. Doch alles soll auf Wunsch des Königspaares einfach gehalten werden, fast bürgerlich. Sisi möchte ihr Appartement violett tapeziert haben und wünscht sich, unbemerkt in den Garten gelangen können, über einen versteckten Zugang zu einer Wendeltreppe. Abends um sechs Uhr besteigt sie wieder den Zug.

Unzählige Male wird sie hier ankommen und von hier abfahren. Gödöllő wird so etwas wie ihr Zufluchtsort, an dem sie sich so ungezwungen bewegen und nach Herzenslust reiten kann wie nirgendwo sonst. Im Frühjahr 1868 trifft sie hochschwanger hier ein, am 22. Mai bringt sie in Ofen Marie Valerie zur Welt, ihre Lieblingstochter.

Der königliche Wartesaal im Stil der Neorenaissance, mit einer imposanten *Porte cochère* auf ionischen Säulen, von einer Kuppel gekrönt, wird erst 1882 eingeweiht.

Adresse HU-2100 Gödöllő, Állomás tér 1–3 | **Öffnungszeiten** www.muza.hu | **Tipp** Sisi pilgerte oft zu Fuß zur Kirche Máriabesnyő, die der Erbauer von Schloss Gödöllő, Graf Antal Grassalkovich, 1758 errichten ließ. Sie hat eine interessante Unterkirche (www.mariabesnyo.vaciegyhazmegye.hu).

109_Das Schloss Gödöllő

Sisis zweite Heimat

Sisi verliebt sich 1867 auf den ersten Blick in das märchenhaft schöne Schloss und seinen Landschaftspark. Graf Gyula Andrássy hat es ihr und Franz Joseph im Namen des ungarischen Volkes zur Krönung geschenkt. Eine Geste der Dankbarkeit. Ungarn hat durch den Ausgleich endlich seine Selbstständigkeit erkämpft, nicht zuletzt dank Sisis diplomatischer Bemühungen.

Die Hoffnung, das Königspaar enger an Ungarn zu binden, erfüllt sich. Gödöllő avanciert zu Sisis liebstem Rückzugsort, alljährlich verbringt sie mehrere Monate hier, insgesamt 2.000 Tage. Die ungezwungene Atmosphäre macht das Schloss zu einem perfekten Ort für die ganze Familie und für alles, was Sisi gern tut. »Hier hat man seine Ruhe, keine Verwandten, niemand sekkiert dich! Hier bedrückt mich gar nichts, ich lebe hier wie im Dorf, ich kann allein spazieren gehen oder Kutschfahrten machen!« Sie liest und schreibt Gedichte. Sie perfektioniert ihr Ungarisch, übt sich bei Jagd- und anderen Gesellschaften in Französisch und Englisch und lernt zwei neue Sprachen: Alt- und Neugriechisch. Was immer sie tut – sie tut es mit Leidenschaft. Auch zum Reiten ist Gödöllő ideal. Um sich auf ihre Parforcejagden in England und Irland ab 1874 vorzubereiten, trainiert sie hart und diszipliniert. »Entweder soll man etwas gründlich erlernen, oder es gar nicht beginnen.« Wegen ihres Rückenleidens kann sie nach 1882 nicht mehr reiten; da verlegt sie sich mit der ihr eigenen Willensstärke auf »Riesen-Promenaden«, wie ihre Hofdamen es nennen.

Auf Schloss Gödöllő verbringt Sisi viel Zeit mit ihrer Jüngsten, überschüttet sie mit Liebe und Fürsorge, spricht mit ihr fast nur Ungarisch. Man nennt sie bald »das ungarische Kind«.

Im Familienkreis pflegt sie ihre Seelenfreundschaft zu Gyula Andrássy, und sogar die Reiterlegende Bay Middleton, ihr Begleiter auf all ihren Jagden in England, ist einmal an ihrem Lieblingsort zu Gast, im Herbst 1879.

Adresse HU-2100 Gödöllő, Grassalkovich-kastély 5852 | **Anfahrt und Öffnungszeiten** www.kiralyikastely.hu | **Tipp** Der wunderschöne Schlosspark lädt zu Spaziergängen ein, zum Beispiel auf den »Krönungshügel« mit dem sechseckigen barocken Pavillon. Die Innenwände zieren 54 Porträts von wichtigen ungarischen Persönlichkeiten.

110 Shadow und Plato

Sisi und ihre geliebten Hunde

Sisi liebt Hunde, seit sie als Kind mit *Bummerl* die Wiesen und Wälder am Starnberger See durchstreifte. Am liebsten mag sie große, gutmütige Hunde. Im Dezember 1860 schreibt sie aus Madeira nach Wien: »Ich habe mir jetzt aus England einen ganz großen Hund bestellt, um mehr Gesellschaft zu haben und der mich überall begleiten soll.« Die dunkelgraue Dogge folgt ihr auf Schritt und Tritt. Shadow, wie sie ihn nennt, bekommt bald Gesellschaft: Horse-Guard. Mit ihm, dem zotteligen weißen Irischen Wolfshund, lässt sich Sisi 1865 im Atelier Rabending fotografieren. Auf einem Bild aus 1862, in Venedig aufgenommen, ist sie mit beiden Hunden verewigt. Auch Gisela und Rudolf lieben die Hunde, Sisi erwähnt sie deshalb oft in ihren Briefen. »Ich bin so froh, Horse-Guard hier zu haben, er hatte eine furchtbare Freude, als er mich sah, und erdrückte mich fast. Euch beide innigst umarmend, Deine Mama«, schreibt sie 1866 aus Bad Kissingen an Gisela.

Einen jungen Pudel mit üppig schwarzer Lockenpracht kann man in einer Fotoserie aus dem Jahr 1866 neben Sisi bewundern. Er hört auf den Namen Plato und wird steinalt. Ebenso wie Shadow, der am 21. November 1875 stirbt, wird Sisi Plato im Garten von Schloss Gödöllő begraben. Von ihrem Lieblingsplatz, der Holzveranda, kann sie die Hundegräber sehen. Gräfin Marie Festetics notiert in ihr Tagebuch: »Der Kaiserin Ihr schöner treuer ›Shadow‹ ist todt. Plötzlich wurde er schwer krank und da er rettungslos war und große Schmerzen litt, ließ Sie ihn selbst an Blausäure schnuppern. Sie hat ihn beweint. Ist er nicht wie ein alter Freund und hat er nicht manche Thränen seiner Herrin gesehen?«

In späteren Jahren begeistert Sisi sich für eine neue Züchtung aus der deutschen Stadt Leonberg, eine Mischung aus Neufundländer und Bernhardiner. Ihre beiden Leonberger bewachen sie bis heute: Sie liegen ihrem marmornen Bildnis im Wiener Volksgarten zu Füßen.

Adresse HU-2100 Gödöllő, Grassalkovich-kastély 5852 | Anfahrt und Öffnungszeiten www.kiralyikastely.hu | Tipp Vom Schloss aus kann man zu Fuß zum Botanischen Garten des veterinär- und agrarwissenschaftlichen Campus der Szent-István-Universität spazieren, 2000 in einem historischen Gebäude gegründet (Szabadság tér 1).

111 Das Erzsébet-Denkmal

Bangen um ein todkrankes Kind

»Am Dienstag, den 24. Mai 1857, trafen Ihre k. k. Majestäten gegen 3 Uhr Nachmittags in Szegedin ein. Der Jubel der aus weiter Ferne herbeigeeilten Bevölkerung war ein stürmischer. Am Abend besuchten die Majestäten das Volksfest und bewunderten die Stadtbeleuchtung.« Ihre Majestäten, heißt es abschließend im Bericht der »Presse«, befänden sich vollkommen wohlauf. Der Schein trügt. Sisi sorgt sich um ihre kleine Sophie (2), die sie in der Ofener Burg zurücklassen musste, Liebling ihrer Schwiegermutter, nach der sie benannt ist. Am Sonntag, beim Aufbruch zu der lange geplanten staatswichtigen Ungarnreise, schien sie auf dem Weg der Besserung. Nun befindet sie sich in der Obhut des Hofarztes. Trotzdem hat Sisi große Angst um ihr Kind.

In Jászberény, Cegléd und Kecskemét hat sie schon ihre Repräsentionspflichten erfüllt – mit Bravour! Die Herzen fliegen ihr nur so zu. Sie verspricht feierlich und öffentlich, die Sprache zu lernen, um das nächste Mal mit »ihren« Ungarn Ungarisch reden zu können. Morgen geht es weiter nach Großwardein, wo ein Ball zu ihren Ehren stattfindet, dann nach Debrecen. Da erreicht sie ein Telegramm: Sophies Zustand verschlechtert sich rapide. Sisi und Franz eilen unverzüglich ans Krankenbett ihrer Tochter. Doch Sophie Friederike Dorothea von Österreich stirbt am Abend des 29. Mai in den Armen ihrer verzweifelten Mutter, für die nichts mehr so sein wird wie vorher.

Obwohl Sophies Tod ihr ganzes künftiges Leben überschatten wird, vor allem das Ehe- und Familienleben, legt diese Reise den Grundstein für Sisis tiefe Liebe zu Ungarn. Viele Jahre später, im Frühjahr 1879, wird sie ihren Reiturlaub in Irland abbrechen: Die prächtige mittelalterliche Stadt Szegedin, die sie einst so herzlich empfangen hat, ist durch eine Flutkatastrophe vollkommen zerstört worden. Der Wiederaufbau wird Jahre dauern und Unsummen verschlingen. Sisi gelobt – zu sparen.

Adresse HU-6720 Szeged, Stefánia 5 | **Tipp** Sehenswert ist das Móra Ferenc Múzeum am Roosevelt tér 1–3, wo 2021 eine sensationelle Sisi-Sonderausstellung stattfand. Hier erfährt man unter anderem alles über die Flutkatastrophe von 1879 (www.moramuzeum.hu).

Sabine M. Gruber
111 Orte der Musik in Wien, die man erlebt haben muss
ISBN 978-3-7408-1667-4

Sabine M. Gruber
111 Orte in den Wiener Alpen, die man gesehen haben muss
ISBN 978-3-7408-1213-3

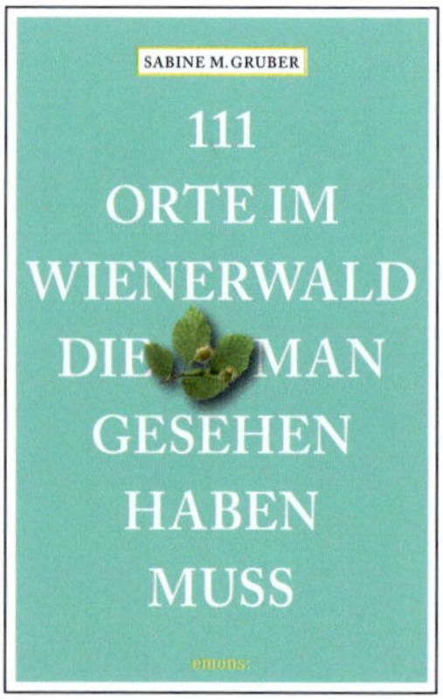

Sabine M. Gruber
111 Orte im Wienerwald, die man gesehen haben muss
ISBN 978-3-7408-0844-0

Walter M. Weiss
111 Orte im Salzkammergut, die man gesehen haben muss
ISBN 978-3-7408-1601-8

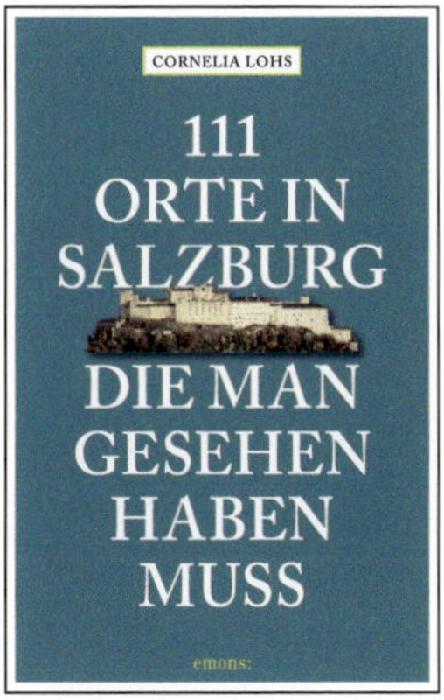

Cornelia Lohs
111 Orte in Salzburg, die man gesehen haben muss
ISBN 978-3-7408-1221-8

Günther Zäuner
111 Orte in der Wiener Unterwelt, die man gesehen haben muss
ISBN 978-3-7408-1438-0

Johanna Uhrmann, Erwin Uhrmann
111 Orte im Waldviertel, die man gesehen haben muss
ISBN 978-3-7408-1666-7

Bernadette Németh
111 Orte rund um den Neusiedler See, die man gesehen haben muss
ISBN 978-3-7408-1652-0

Johanna Uhrmann, Erwin Uhrmann
111 Orte in der Wachau, die man gesehen haben muss
ISBN 978-3-7408-1668-1

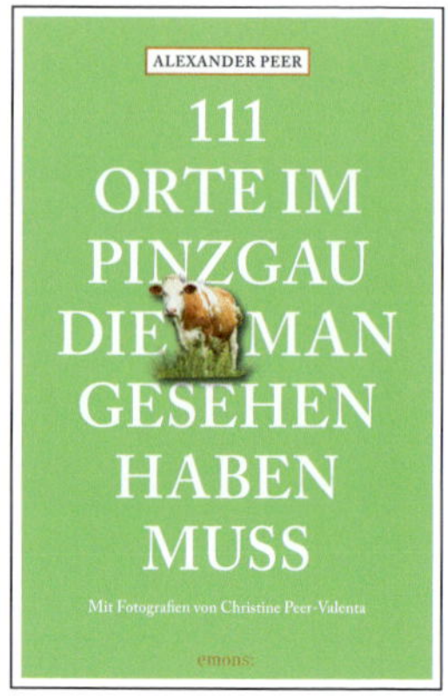

Alexander Peer
111 Orte im Pinzgau, die man gesehen haben muss
ISBN 978-3-7408-1199-0

Walter M. Weiss
111 Orte im Ausseerland, die man gesehen haben muss
ISBN 978-3-7408-1464-9

Georg Renöckl
111 Orte im Mühlviertel, die man gesehen haben muss
ISBN 978-3-7408-1431-1

Christoph Schrahe,
Stefan Herbke, Thomas Biersack
111 Skipisten, die man gefahren sein muss
ISBN 978-3-7408-1600-1

Peter Eickhoff
111 Orte in Wien, die man gesehen haben muss
ISBN 978-3-7408-1521-9

Kristof Halasz
111 Orte in Vorarlberg, die man gesehen haben muss
ISBN 978-3-7408-1570-7

Sophie Reyer
111 Wiener Orte und ihre Legenden
ISBN 978-3-7408-1533-2

Andrea Nagele
111 Orte in Klagenfurt und am Wörthersee, die man gesehen haben muss
ISBN 978-3-7408-1093-1

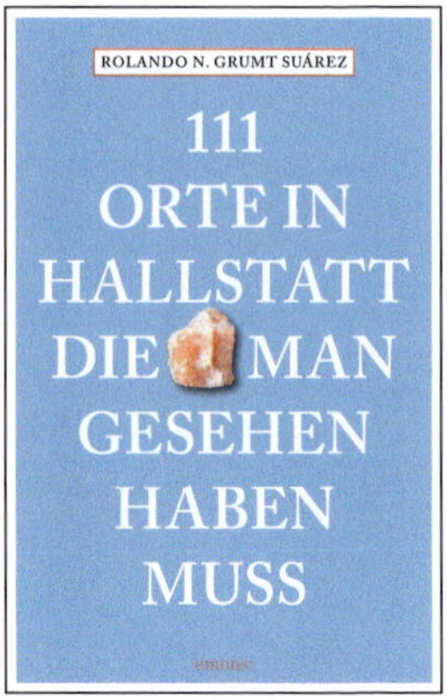

Rolando N. Grumt Suárez
111 Orte in Hallstatt, die man gesehen haben muss
ISBN 978-3-7408-0858-7

Franz Hlavac, Gisela Hopfmüller
111 Orte in Kärnten, die man gesehen haben muss
ISBN 978-3-7408-1077-1

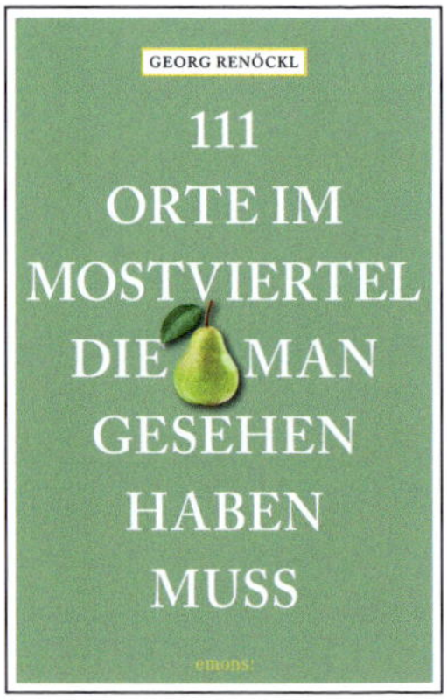

Georg Renöckl
111 Orte im Mostviertel, die man gesehen haben muss
ISBN 978-3-7408-1074-0

Monika Schmitz
111 Orte im Lungau, die man gesehen haben muss
ISBN 978-3-7408-1309-3

Susanne Gurschler
111 Orte in Osttirol, die man gesehen haben muss
ISBN 978-3-7408-0847-1

Gerhard Hohlstein, Günther Pfeifer, Franziska Wohlmann-Pfeifer
111 Orte im Weinviertel, die man gesehen haben muss
ISBN 978-3-7408-0843-3

Daniela Dejnega, Luzia Schrampf
111 Weine aus Österreich, die man getrunken haben muss
ISBN 978-3-7408-0618-7

Robert Preis
111 schaurige Orte in der Steiermark, die man gesehen haben muss
ISBN 978-3-7408-0445-9

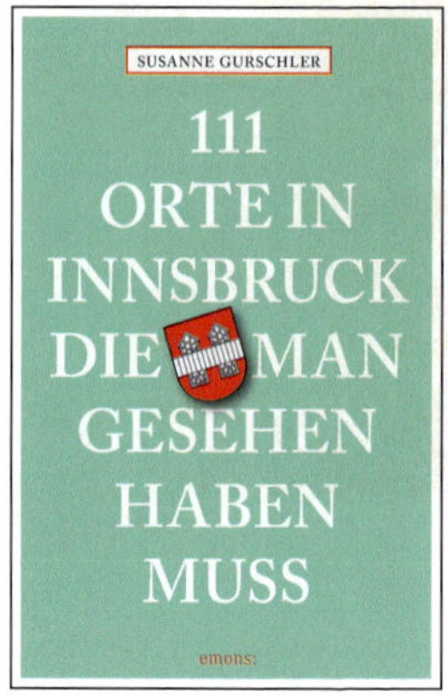

Susanne Gurschler
111 Orte in Innsbruck, die man gesehen haben muss
ISBN 978-3-7408-0343-8

Susanne Gurschler
111 Orte in Tirol, die man gesehen haben muss
ISBN 978-3-95451-834-0

Lisa Graf-Riemann,
Ottmar Neuburger
111 Orte vom Wilden Kaiser bis zum Dachstein, die man gesehen haben muss
ISBN 978-3-7408-0138-0

Informationen:

Regio Augsburg Tourismus GmbH
Schießgrabenstraße 14 | D-86150 Augsburg
Telefon +49 821 50207-0 | www.sisi-strasse.info

Sabine M. Gruber, lebt mit ihrer Familie als freie Autorin in Klosterneuburg bei Wien. Sie hat fremde Sprachen und Musik studiert und ist viel in der Welt herumgekommen. Fotografieren war schon immer ihre Leidenschaft. Neben Romanen und Erzählungen schreibt sie Texte über Musik und Kunst und über das Reisen.